全国小学生校园美文精品集萃丛书

七色阳光
小少年

记得当时还年少

《语文报》编写组 编

时代文艺出版社

图书在版编目（CIP）数据

记得当时还年少/《语文报》编写组编. —长春：时代文艺出版社，2018.8（2023.6重印）
（"七色阳光小少年"全国小学生校园美文精品集萃丛书）

ISBN 978-7-5387-5797-2

Ⅰ.①记… Ⅱ.①语… Ⅲ.①作文－小学－选集 Ⅳ.①H194.4

中国版本图书馆CIP数据核字（2018）第114668号

出 品 人　陈　琛
产品总监　郭力家
责任编辑　李荣崟
装帧设计　孙　利
排版制作　隋淑凤

记得当时还年少

《语文报》编写组　编

出版发行/时代文艺出版社
地址/长春市福祉大路5788号　龙腾国际大厦A座15层　邮编/130118
总编办/0431-81629751　发行部/0431-81629758
官方微博/weibo.com/tlapress
印刷/北京一鑫印务有限责任公司
开本/700mm×980mm　1/16　字数/153千字　印张/11
版次/2018年8月第1版　印次/2023年6月第5次印刷　定价/34.80元

图书如有印装错误　请寄回印厂调换

编　委　会

目 录

001

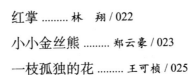

路边菊，我的最爱

清风里的游历

夏天里，我种下了草莓

003

成为蚂蚁的日子

与微风撞满怀

家乡的草珠子

　　树叶沙沙，弹奏动听的歌谣；鸟鸣声声，演奏欢快的乐曲；晨风习习，讲述古老的传说；溪水淙淙，歌颂家乡的美景……兰溪，家乡的摇篮，孕育百万勤劳智慧的仙游人民；兰溪，家乡的母亲河，滋养一千八百一十五平方公里的仙游大地。驻足溪畔，那如诗如画的美景着实让人陶醉，让人流连忘返啊！

兰溪印象

陈可越

树叶沙沙，弹奏动听的歌谣；鸟鸣声声，演奏欢快的乐曲；晨风习习，讲述古老的传说；溪水淙淙，歌颂家乡的美景……

兰溪，家乡的摇篮，孕育百万勤劳智慧的仙游人民；兰溪，家乡的母亲河，滋养一千八百一十五平方公里的仙游大地。

驻足溪畔，那如诗如画的美景着实让人陶醉，让人流连忘返啊！

溪水盈盈，水清如蓝，一阵风儿拂过，水面漾起层层涟漪，仿佛有成群结队的鲤鱼在追逐嬉戏。碧波粼粼的溪水在轻轻吟唱，舒展透明秀丽的身姿，温柔地抚摸溪中裸露大岩石。那一块块奇形怪状、栩栩如生、巧夺天工的岩石难道不是纯天然的艺术品？像展翅欲飞的雄鹰，像沉稳健硕的海龟，像威风凛凛的狮子……别有一番情趣，生动得足够让你浮想联翩。

那是什么？忽飞忽落，洁白如玉，姿态蹁跹，如雪花般静美，如圣女般高洁，如舞女般多姿。那是春的使者，是美的化身，是一首诗，是一支歌，那是——白鹭！岩石上，水草上，湿地上，虽然没有三五成群的热闹，却有悠然自得的恬静。它们形态各异，姿态优雅：有的将头埋进翅膀中，一副羞答答的模样，宛若出水芙蓉；有的弯下细长的脖颈，用铁色的长喙啄起水珠，梳洗翎羽；有的若有所思地凝

望水面，似乎在欣赏自己的倩影；有的张开双翅，倏地飞起，或紧贴水面捕食，或飞上蓝天翱翔……多美的白鹭啊！它们是天使，默默地守护着这片纯净与祥和！

"鸟飞鱼跃随双棹，云影天光共一舟"。五百年前，明代户部尚书郑纪告老回乡，泛舟木兰溪，留下的优美诗句浮现在我的脑海。我想，要是能有一叶扁舟，我也舟行碧波之上，那该是一种怎样的境界？

兰溪，像一位素面朝天的女子，淳朴高雅，自然温婉。生活在拥挤街市，生活节奏不断加快的人们，为了远离喧嚣，寻找心灵的一份宁静，来到了兰溪溪畔，从此兰溪景观带应运而生，这里成了县城居民休闲健身娱乐的公园。

兰溪两岸，绿树成荫，花团锦簇，青草茵茵，是个美丽的大花园。"花红胜火"的凤凰树、枝繁叶茂的大榕树、风情万种的棕榈树、迷醉春风的杨柳、花香四溢的桂树……郁郁葱葱，四季如春；黄婵黄得流金、山茶花娇艳欲滴、三角梅热情奔放、丁香花芬芳四溢……姹紫嫣红，花香沁脾。音乐喷泉、休息凉亭、亲水广场、漫步道、运动广场等各种景观错落有致，小道曲径通幽，绿地高低起伏，自然与人文景观巧妙融合，交相辉映。可谓匠心独运，别出心裁啊！漫步其中，真让人心旷神怡！

侧耳倾听，一支优美的乐曲从不远处飘来，循声望去，广场上一群阿姨随着音乐的节拍正在翩翩起舞。她们衣着统一艳丽，舞步娴熟轻盈，不断变换的队形可以看出她们是这里的常客。瞧，每个人的脸上都绽放着幸福之花。

不时有行人从我身旁经过，有的疾步快走，显然是在健身；有的走走停停，悠闲自在，也许像我一样都是被眼前的景物吸引住了。一位背着摄影包的叔叔举着相机，镜头对准横跨兰溪南北两岸雄伟壮观的"彩虹桥"，"咔嚓、咔嚓"快门不停按下，把美景定格在瞬间。

一位年轻的母亲带着蹒跚学步的女儿在草地上玩球，银铃般的笑声把这里的花草树木鱼儿鸟雀都吵醒了……

沐浴着融融晨光，走在兰溪溪畔，呼吸滤过似得清新空气，拥抱绿树，采撷芬芳，就像走在一幅美不胜收的画卷里！

秋天的木兰溪，秋波潋潋，流水潺潺，虽没有春之柔媚，夏之热烈，却平添了一份宁静，一份淡泊。

家乡的菜溪岩

张奇弦

我游览过许多地方："四季如春"的鼓浪屿、"如诗如画"的武夷山、"神仙游过"的九鲤湖……其中令我印象最深的要数我的家乡——海西风景名胜"菜溪岩"。

一走进山门，首先映入眼帘的是连延不断的苍林碧峰。从山道拾级而上，登至高处环顾四周，发现这脚所跋、眼所见的，竟是一番石与水的境界。清澈的溪涧时而漫过石面，时而潜入岩底，时而在岩间绕转，时而从石缝迸发。山泉唱着不同调子的歌，或低吟浅唱，清新婉转；或引吭高歌，激情昂扬……抬头望去，左边是威武的"虎啸岩"，右边则是温顺的"绵羊峰"，再往前走，就看到了"象鼻岩"。沿途还有"比目鱼""狮子听经"……这些石头栩栩如生，惟妙惟肖，让人仿佛置身在奇妙的"动物世界"里。咦？这是什么庞然大物？从远处看它是由三块石头组成：第一块像乌龟的头，第二块像乌龟的身子，第三块像乌龟的尾巴。整体来看就像一只千年老龟；走近了看，老龟身旁又有几块小石头，像一只只小龟紧紧依偎在老龟怀里。游人纷纷猜测着，想象哪些石头像乌龟。小孩子最聪明，往往会找出十几只小龟，大人们怎么数，也数不出那么多的乌龟。

绕过龟石，远远地就听见瀑布的轰鸣声了，如万马奔腾，雄伟壮观的雷轰瀑布就要到了，我不禁感叹道：这瀑布声真大，肯定是一幅美丽壮观的景色。果然！瀑布像一张玉帘挂在高高的山上，流水飞快地冲下，受到岩石的阻碍，便飞花碎玉乱溅开来，无数晶莹的水花在空中跳跃，像顽皮的水珠娃娃，在欢腾着、喧闹着。整个瀑布笼罩在茫茫的水雾中，阳光反射到水雾上，形成了一道美丽的彩虹，更为瀑布增添了一分绚丽的色彩。再瞧附近的仙女瀑布，虽然没有雷轰瀑布那么雄伟壮观，但是一条条细细的涓水汇合起来，宛如一颗颗一串串珍珠散落在龙潭里，把山谷点缀得更加曼妙多姿。

菜溪岩不仅石头千奇百怪，瀑布雄伟壮观，还有许多国家一级保护植物。粗大高耸的野竹林，千亩壮观的天然红豆杉，历经沧桑的古银杏，珍贵稀缺的桫椤树……俨然一个古老的植物王国。

菜溪岩的景色，四季常新，变幻无穷，正如宋代状元郑桥诗赞："百景千姿观不尽，八闽胜地菜溪先。"我为家乡有这样的美景而感到骄傲！

看莆仙戏

王胡敏

夏日的一天夜晚，外婆带我到老家度尾杨泗宫后面的露天舞台下看莆仙戏。

舞台下的每个角落里都挤满了人，大部分是上了年纪的老爷爷老奶奶，还有些小孩子。他们有的小声谈论着，有的侧耳倾听，有的则静静等待着。

"哐嚓哐嚓……"古典的乐曲轻轻响起，舞台上的灯光也亮起来了，十分璀璨迷人。鲜红的屏幕渐渐拉开了。人们马上停止了议论，静静地聆听着，细细地欣赏着。

演员们跟着音乐的节拍走到台上与观众见面，灯光照在他们的衣服上、头冠上。他们的身影就像一片闪闪发光、无比美丽的彩霞。

戏开始上演了。音乐起初是平缓低沉，渐渐地，节奏越来越强。主角迈着轻盈的步子出场了。观众立刻报以热烈的掌声，就像平静的海面卷起了巨浪。主角在一片掌声中开始唱了。她圆润的歌声在夜空中回响，声音清脆，让人百听不厌。她边舞边唱，一手拿着兵器，一手摇晃着优雅的水袖，不停地卖力地唱着，戏词像水珠似的，从她的一笑一抖中滴到了每个人的心里。所有人都陶醉了。乐曲的声调渐渐升高，主角尽情表演，她婀娜的身段，一板一眼都是那么规范优美。

主角在配角的衬托下，完美演绎着一个动人的故事。戏中起伏的情节无比精彩，乐曲也配合得天衣无缝。此时，观众们无不拍手叫好，很多人激动地站了起来，女主角的歌声越来越激昂。戏已达到了最高潮，台下掌声如潮……

我被这艺术迷住了，莆仙戏不愧是仙游的活化石！这场戏虽然不长，却在我心中留下了不可磨灭的印象。

一口老井

吴沐颉

每天上下学我都要经过一口老井。它有两个井眼，四周长满了墨绿色的苔藓。脏脏的、滑滑的，让人瞅着不舒服，走着又容易滑倒。因此，路人纷纷绕道而行。所以平时的老井根本无人问津，是那么的孤零零，冷清清的。

可是只要一到停水时，这种情形就立刻发生翻天覆地的变化，老井好像一下"苏醒"了，井旁人潮涌动，大桶小桶叮当响，仿佛是一首流动的交响曲。人们相互热情地打着招呼，悠闲地聊着天，好似赶集一般热闹。完全没有高楼大厦里的居民那种因为停水而愁眉不展、焦急万分的样子。大家反倒显得怡然自得，笑容满面的。他们自觉地在老井旁，排成两条壮观的长龙，井然有序。然后一桶接一桶地往上打水，一担接一担地往家挑水。要是碰上个勤快的壮汉，他会主动帮大家打水，又长又粗的井绳在他手里一把一把地绕成了圈，晶莹清澈的井水在水桶里摇摇晃晃地升上井口，又哗啦啦地倒进了左邻右舍的桶里。接水的人声声道谢，打水的人憨憨地笑着……一路上人流如织，笑声不断，累是累了点，但是大家都毫无怨言，反而乐呵呵地说："停水怕什么，我们这有甜美的井水，权当锻炼身体，还有免费的水喝，真划得来，我们应该常常来观顾老井，还能顺便谈谈心。"

这就是家乡的老井，朴实无华的外表下流淌着最甘甜纯净的水。与人方便的同时，还时时联结起邻里之间那轻轻淡淡，却又真真暖暖的乡情。

老家的春节

姚笑莹

照老家的规矩，孩子们一放寒假春节就开始了。首先登场的是腊月十六"尾牙"。早晨还没起床，就听到"噼里啪啦，噼里啪啦"的鞭炮声，浓浓的年味飘荡在空气中。这天要杀鸡宰鸭祭拜天公，感谢天地的恩泽。晚上举办"尾牙"宴，邀请亲朋好友欢聚一堂，好不热闹。

过了"尾牙"，在外地工作的人们也陆续回来了。人们忙着大扫除，贴春联，买长寿面、鸭蛋、干货、蜜饯等。市场的生意一天比一天红火。孩子们准备过年，买新衣是必需的。大人们带着孩子一家一家地逛童装店，款式新颖、各式各样的衣服，随你挑到大人孩子都满意为止。孩子们揣着新衣，就盼着新年里精精神神地亮相呢。

　　春节倒计时很快结束，就剩下旧年的最后一天——除夕。除夕早上，大家都赶着到超市或菜市场买年货，准备着晚上的年夜饭。菜市场可真是人山人海，几乎把每个摊子都围了个水泄不通。吆喝声、叫卖声、讨价声汇成一支春节的前奏曲。马路上，车子排成了两条长龙，一条向东，一条向西，前不见头，后不见尾。两条"龙"以蜗牛般的速度向前爬着，远远望去，好像大地在烤着两串热腾腾、香喷喷的羊肉串。

　　天刚擦黑，鞭炮声便络绎不绝地从四面八方传来。我家也不甘落后，叔叔和爸爸堆好柴火，叔叔用打火机将柴火点燃，爸爸抱来一股千响炮，拆开，摊在门前的空地上，足足绕了三大圈。等火烧旺了，爸爸把炮头往火堆里一扔，捂着耳朵跑进屋了，我家的鞭炮也"噼里啪啦"地炸响了。叔叔紧接着点燃一股礼花，"砰，砰——"一朵朵绚丽的烟花在黑幕中绽放，空中开满了"鲜花"。我们全家都聚在门口仰头观看这美妙的"烟花秀"。

　　除夕夜除了很小的孩子，大家都要守岁。到了午夜十二点，已渐渐平息的鞭炮声重新响起。"砰——"不知谁家开的头，天上绽放了一朵金灿灿的礼花。紧接着，黑如漆的夜空成又成了花的海洋。鞭炮声、礼花声、欢笑声交织成一曲新奇雄壮的新年欢乐颂，在新年与旧年的交界处奏响。

　　初一照老家的习俗，家中没做寿的大人和小孩都出去拜年。家中有长辈做寿，全家人在家接待客人。这天我最忙的事就是给长辈拜年，收红包。爷爷、奶奶、姑姑、叔叔、爸爸、妈妈……嘻嘻，八个大红包！你问我收完干吗？告诉你，躲屋里数钱呢！初二不能去亲戚家串门。初三，做寿的长辈都统一在这天办寿宴，寿宴的隆重不亚于婚宴。初五与除夕一样吃团圆饭，放鞭炮，再做大岁。

　　正月十五元宵节是春节的最后一个高潮。闹元宵就是游神、游灯。十来个村民们一大早从宫庙抬出菩萨，其他村民举旗，敲锣打鼓，挑担，组成一支游行队伍。队伍绕着村子整整走一大圈，所到之处家家燃起火堆，放鞭炮，整个村子都沉浸在欢庆菩萨出游的喜悦中。晚上，游灯也分外热闹，一条闪着金黄光芒的灯龙，在村子的周边缓缓地游走着，整个村子灯火辉煌，鞭炮声不绝于耳。这是多么美好而又快乐的夜晚！

元宵节后，春节结束了，还剩下的一点假期是留给作业没做完的小孩。

家乡的草珠子

王语欣

010

我的家乡有一条小溪，弯弯曲曲地穿过一大片田野。沿着溪边的小路，一直向前走，就能看到草珠子丛。

这是一簇熟透了的草珠子，长在潺潺细流的小溪边缘那毛茸茸的草地上。你要是不留心，一脚踩上去，准会湿透鞋子。正因为如此，那柔软的草地成了安全地带，它年年月月呵护着草珠子的生长。冬天，其他的花草树木都枯萎了，草珠子就显得特别醒目。它高有一米左右，顶端开花结果，七八根一丛，像玉米的幼苗。微风拂过，轻轻晃动，像在点头微笑，向人们展示自由成长的快乐。

最有趣的，当然是那珠子了。秆上枯黄的叶子边，有一穗穗晶亮的、饱满的珠子。有黑色的，油亮亮的，光滑极了；有黑灰色的，里面透着各种各样的花纹；还有白色的，圆溜溜的，令人爱不释手。这么多的珠子，一颗有一颗的姿势，昂着的、倚靠的、低垂的，错落有致地长着。太阳射过来一束束金光，草珠子反射出一束束金光，多么像晶莹剔透的珍珠啊！

这就是多姿多彩的草珠子，这就是我家乡的草珠子！

冬天阳光灿烂的时候，我们经常到这里采摘珠子，掏空里面的心，串了项链和手链，当成宝贝似的，开心极了！有时，我还会摘一大瓶回去慢慢串呢！

捧着满满的草珠子，走在小溪边，我满心愉悦，家乡的这条小路不知留下了我多少的足迹啊！

秋　雨

林芊芊

和往常一样，我写好作业背上书包就去上学了。秋日午后的风里，多了几分闷热，我猜测：这么闷，应该会下雨吧？

果不其然，风渐渐地肆虐起来了，嚣张地呼啸着，卷起的沙子跑进我的眼睛里，难受极了。我勉强半睁着眼睛，缓慢地走上楼梯。

到了教室，天色昏暗。天上的乌云像是许久未洗澡一样，黑乎乎的，狞笑着向大地扑来。天地间一片黑暗，空气变得愈发沉闷了。可雨，却好像是一个调皮的孩子，故意躲起来跟我们玩躲猫猫呢！不急，我们一起来找它吧！看啊，雨躲在厚厚的云层里，真调皮！小雨点儿依依不舍地从乌云的怀里飘下来，在秋风的吹拂下，真像挂在天上随风飘动的白色的薄纱。渐渐地，雨越来越大了，好似无数颗豆子从天空中倾倒下来，落在屋檐上、地上，水花四溅，如烟如雾。"哗哗哗——"这是雨点欢乐的笑声。雨水冲刷着大地，大树弯下了腰，小草的脸贴到了地上，花儿清洗着自己娇艳的脸庞。

乌云散去了，雨停了。树好像喝够了水，挺起了腰，它的头发变得绿油油的，每一片都焕发着生机，苍翠欲滴；花儿在雨水的冲洗后，也不再垂头丧气了，每一朵花都变得鲜艳无比，装点着绿得仿佛要滴下颜料的草丛。雨后的操场上不时传来同学们的阵阵欢笑声。

空气中原本的闷热没有了，吹过的风是冰的，凉飕飕的。雨后的空气极其清新，闭上眼睛，我嗅到了一丝清新的泥土芳香，我想，那就是秋天的味道吧！

秋天的雨，带给大地的是一曲丰收的歌，带给小朋友的是一首欢乐的诗。秋雨，我爱！

012

听听大自然的声音

蔡知临

你听过大自然的声音吗？可以是浆果爆裂的声音，可以是小草喝水的声音，可以是灌木打呼噜的声音……只要你用心灵倾听，就会听到最美妙的声音。

看，蚂蚁们起了个大早，正在做早操呢。"一二一，一二一……"它们做到一半的时候，一阵风吹来，树上已经熟透的浆果掉了下来。"啪——"，不偏不倚，正好砸在它们的操场上，汁液溅满了整个操场。这下可急坏了它们，叫它们还怎么做操啊？

转眼间，到了最难熬的中午，炙热的太阳毫不留情地夺走了原本属于大地的水分。小树无力地耷拉着枝条；花朵急忙合上花瓣来保留住最后一颗清晨的露珠。只有河边的小草不用为水而担忧，对于它来说，水近在咫尺。它"吸溜——吸溜——"悠闲地喝着清冽甘甜的水，快乐而满足。而远离水源的花草树木们，就只能羡慕地看着小草吸足了水，伸个懒腰，沉沉地睡着了。

到了晚上，凉风送爽，好不容易熬过中午的植物们都沉浸在蟋蟀交响乐团演奏的小夜曲中，不久就陆续进入了梦乡。周围一片静谧，突然，一阵"呼噜——呼噜——"的声音打破了这份难得的宁静。原来，是灌木在打鼾，声音吵得大家睡不了觉。蟋蟀乐团的音乐大师们只好更加卖力地大声演奏，盖过灌木的呼噜声，让树木们能在优美的乐曲声中继续沉沉入睡。

大自然的声音，不是"谁家玉笛暗飞声，散入春风满洛城"的情调，而是"明月别枝惊鹊，清风半夜鸣蝉"的意境。让我们一起用心聆听大自然美妙的声音吧！

湄洲岛之旅

范颖婕

今年的国庆节，我和妈妈、哥哥，以及妈妈的两个朋友一起去那向往已久的湄洲岛。

凌晨五点时，妈妈叫起我们。我眯着眼睛，听见妈妈一边整理被子一边催着我们，说："快点刷牙洗脸吃早餐，马上要出发了！"我一下子清醒过来，立马起来收拾。五点半左右，我们坐上爸爸的车出发了。

大概过了四十多分钟后，车子到了码头。等爸爸买了票，我们又坐轮渡过去。站在船甲板上，看着一片湛蓝湛蓝的海，我不禁想起电视剧里妈祖在这片海域上救人的情景。我忍不住对着大海呐喊："喂——大海——"

下了船，我们先参观了影视城。"林家大院""东海龙宫"、碉堡、妈祖神殿等等建筑，规模宏伟，雕梁画栋，让我们啧啧赞叹。妈祖影视城的确是个值得一看的地方。因为它是电视剧《妈祖》的拍摄场地，游览期间，你会不断惊喜地发现剧中的某一处场景。

我们在林家大院里面休息、吃饭后，来到了"黄金沙滩"。这让我们最难忘的地方。我迫不及待地卷起裤脚，脱下鞋子，飞奔向大海："大海——我来了！"这个时辰，刚好是海水涨潮时间。远处，海浪凶猛地扑过来，拍打着礁石，一浪高过一浪；岩石随着潮汐的拍打发出响声，与大海一起共鸣。近处，海浪亲着我的小脚丫，越过我的膝盖，三番五次弄湿我们的裤子。这波浪似乎被海龙王控制着，虽然凶猛、放肆，却不会让人惧怕。我喜欢海浪一直赶着我们往后退，给我一种飞翔的感觉，不用担心凶猛的海浪会把我们吞没。这里的沙滩一直让我流连忘返。

我们下一个目的地是妈祖祖庙。妈祖庙山门，很是壮观。但是看着眼前一级级望不到头的台阶，我有点吓到了。这时妈妈鼓励我往上爬。我们走走停停，居然登到顶了。眼前是一座巨大的妈祖神像，她正驻足眺望远方，仿佛关注出海船只的安全。站在她跟前，我感觉自己很渺小。在神像面前我们拍了很多张照片留念。

夕阳西下，黄昏降临，我们这才依依不舍地下山，回到码头坐船离开了湄洲岛。回去的路上，我竟然睡着了，在梦中梦见我还在海边玩。

在水之湄

陈忻妮

暑假到了，我们要去湄洲岛哦！背上行囊，啊，梦寐以求的湄洲岛，我来了！

我们买票登上了渡船。起航了，船身轻飘飘地一浮，一沉，一浮，一沉……那船舷四周溅起了白莲一样的水花，波光粼粼的海面闪着无数银色的阳光。好美呀！

坐着观光车，我们来到沙滩。我们迫不及待地脱下鞋子，兴高采烈地冲到海水里。浪花翻滚着，拍打着我们的脚丫，像一个个调皮的小娃娃。突然，一个巨浪打来，我们全身都湿透了。大家你看我，我看你，都笑了。我们还蹲下来，在沙滩上捡各式各样，光彩夺目的石头、贝壳，多高兴！

这时，爸爸提议："我们来堆沙子城堡。在不被海水冲倒的情况下，谁堆得最高就获胜。""同意——"大家异口同声。

郑宁婧急于求成，看都不看位置就开始堆。我呢？蹲在她后面堆起来。桢子蹲在宁婧和我的中间，陈晞蹲在我一边，蒋熠又在我们后面。一转眼，我们的"城堡"出现在沙滩上了。

看到海浪又"唱着歌"飞奔而来。我们连忙保护起了自己的"城堡"。我尽力用干沙子加固了围墙。一个浪头打来，宁婧的城堡没了。珍子没保护好，城堡也倒了。陈晞与蒋熠的城堡刚躲过了一劫，还没来得及欢呼就被另一波浪头冲毁……不灰心，我们又堆起来……"哗！"围墙倒了，我们的城堡因筑在"危险地带"，虽然全毁了，可沙滩上响起了一串欢快的笑声……

除了海滩，我们还去了鹅神石公园、妈祖庙、文化宫……

美 景 如 斯

蔡晓妤

016

生活中不缺少美，而是缺少一双发现美的眼睛。

——题记

永定土楼——这是我去过的最美的乡村建筑。从远处看，你会看见可它们高低错落，像一朵朵巨大的花开在青山绿水间。它们的形状不同，有圆的，也有方的；有单独的，也有连在一起的。等你走近了，哇！门前的那条小河，清澈见底。脱下鞋，一脚踩进水里。哇！好舒服，好凉爽，整个人都变得舒畅起来，让我忘记旅途中的疲劳，忘记了所有的烦恼。过了小河上的小桥，呀！多么可爱的小鸡，多么欢快的小孩子！虽然这里的地板和土楼的墙一样坑坑洼洼，但是环境优美、整洁。这时候，眼前的这座土楼像巨人一般展现出了铜墙铁壁般的身躯。好宏伟，好气派！听说，正是凭借土楼的坚固，这里的人民挡住了无数次土匪兵痞的侵扰。我们边走边看，参观了一个又一个房间。一座楼就有这么多的房间使我惊叹不已。让我印象深刻的是陈列馆里的奇石。特别是橱窗里一块长得像"8"的石头，一块色彩丰富、惟妙惟肖，令人口水直流的"猪肉石"，以及令我惊叹不已的"白发石"：居然会有长满白头发的石头，不会是"白发妖精"吧……

我把头轻轻探出小窗口向外远眺，哇！这里可以说是"人间天堂！"连绵起伏的大山、绿油油的田野，高大挺拔的大树。时不时，可以听到小鸟在歌唱，溪水在伴奏。更重要的是，在这片神奇的土地上，勤劳勇敢的永定人创造出了一片迷人的风景！

已近黄昏了，我一次又一次回望着那美丽的土楼。我心里默默地想：要是在这里住一天该有多好啊……

美丽的桂林

黄梓檬

"桂林山水甲天下"果然是名不虚传啊！暑假一来到了这里，我就被那美丽的风景迷住了。

我们坐着船在绿带似的漓江上航行。我不禁背起课文来："漓江的水真静啊，静得让你感觉不到它在流动；漓江的水真清啊……"

一路上，我们饱览了九马画山、象鼻山等等美景。船驶了一会儿，就见到远处水天相接的地方有一座山。不用说，这就是著名的象鼻山了。只见象鼻山好似一头伸着鼻子正在喝着江水的巨象。象鼻与象腿之间形成一个圆洞，有"象山水月"之称。崖壁上刻着有"水底有明月，水是明月浮，水流月不去，月去水还流。"的诗句。象鼻山的顶处长满了郁郁葱葱的大树。许多棵大树笔直地挺立着，微风一吹，树叶发出"唰！唰！唰！"天籁一般的音乐。

再说说"九马画山"吧。广播通知我们"九马画山"到了，大家昂首西望，目不转睛地盯着：只见陡峭的石壁上，几匹骏马若隐若现。

我瞪大了眼睛数起了马。首先映入眼帘的是一匹形体健壮、肌肉丰满的马。它跃跃欲试的样子，好似只要有人一下令，就会撒开四蹄，腾空而起；第二匹是一匹低头饮水的小马。瞧它的样子真是可爱极了！

游轮继续前行，我从另一个角度看到了一匹向上跃的黑马，看它的表情好像一跃就能跃上天空。而在它旁边的一匹白马，好像要与黑马一争高下似的，也在奋蹄疾驰。接着我又看到了一匹昂首的大马，它四肢健壮，皮毛油光发亮，在它旁边的是　匹小马，看上去像是刚生出来似的，站都站不稳……

啊！桂林的山水真美丽、神奇！真令人陶醉，乐而忘返啊！

018

阳光校园

李荟欣

校园的清晨
阳光是来得最早的精灵

唤醒了所有的花草树木
在晨光中伸着懒腰

沐浴着柔和的晨风
我们高声朗诵着理想的诗篇
像小鸟的鸣啼
打破沉默的天际

踩着下课的铃声
我们欢呼着冲进阳光的怀抱
那阳光下的翠绿
不是草，是一片生机

我们的心儿
是一支支彩色的画笔
在校园里
深情地描绘灿烂的理想

我们的心儿
是一只只美丽的小鸟
在校园里
身披阳光，快乐翱翔

家乡的草珠子

美丽的校园

黄炜纳

"清清木兰溪，盈盈绕仙安，静静立鲤南，校园南岸绘蓝图……"每当我哼起这首歌，就会想起我那美丽的鲤南中心小学。

春天，校园里各种各样的花竞相开放，争奇斗艳，就连小树小草也不甘示弱，使劲地往上长。你看，灿烂的三角梅、艳丽的映山红、造型独特的榕树……这么多的花花草草，可都是陈校长的功劳呢！都是他千辛万苦从山上挖下来，移栽到校园里，亲手培育的。难怪同学们都喜欢称呼他为"园林校长"呢。"轰隆隆——轰隆隆——"一场春雨突如其来，花草树木们贪婪地吮吸着春天的甘露……呵，这如花似锦的校园！

夏天，花朵儿长得更艳丽了，树叶长得更茂盛了，蝴蝶在花丛中翩翩起舞，蜜蜂在花丛中忙碌着。火辣辣的操场上，同学们正大汗淋漓地打扫着公共区，为的是保持校园的一份清洁。上课了，走廊上、操场上时常会出现一位德高望重的中年人——詹校长。他走走停停，偶尔也会弯下腰捡起同学们不小心散落的纸屑，有时候甚至连一片树叶也不放过。放学了，一排排整齐的队伍陆续走出校门，一路上，同学们也不忘随手捡起掉下的纸屑……呵，这干净整洁的校园！

秋天，树上的叶子纷纷往下掉。秋风一吹，落叶就像一只只美丽的蝴蝶在翩翩起舞，一会儿飘到这边，一会儿来个360°旋转。天气转凉，可同学们仍然每天早早地来到校园，琅琅的书声让每一个路过的人心头漾起一阵暖意……呵，这书声琅琅的校园！

冬天，虽然看不到花儿、小草的影子，可那些苍翠的罗汉松仍然屹立在校园的各个角落，对抗着寒风。天气已经很冷了，每天清晨詹校长依旧站在校门口，迎接我们的到来。每个同学都向詹校长敬礼："詹校长好！""詹校长早！"詹校长微微一笑，向同学们一一回礼："同学们早！""早上好！"……呵，这挂满笑意的校园！

我温馨美丽的校园呵，我要用最美好的语言来赞颂你。

美丽的记忆

朱轶宁

我在鲤南中心小学读书，我觉得鲤南中心小学是个美丽的学校！

走进校门，首先映入眼帘的是综合楼。它是一座长方形的宏伟建筑，里面有电脑室、音乐室、美术室、舞蹈室、科学实验室等，还有设备齐全的高科技录播室、古香古色的图书室。这些专用教室让我们的课堂变得丰富多彩，让我们的学习变得生动活泼。

向东看，有一条水泥小路，如一条白色的带子绕过综合楼。向西看，一块帆船形的巨石矗立在眼前，上面刻着"扬帆"两个金光闪闪的大字，特别引人注目。紧邻巨石的是一个植物园，里面种着高耸入云的樟树、枝繁叶茂的凤尾竹、珍贵稀有的银杏。树下点缀着芬芳扑鼻的九里香、暗香迷人的常香桂、红艳胜火的玫瑰花……这种花还没谢，那种花又开了，真是美不胜收！我和同学经常在那儿流连忘返。

走过植物园，穿过综合楼就来到主席台。站在主席台上抬头看，一面鲜艳的五星红旗高高飘扬在蓝天下。下面是操场，铺着红黄相间的小方砖，干净整洁。每天早上，我们都在操场上做操，三千人一齐做操的场面非常壮观，你见了定会赞叹不已！操场两边的展示栏里贴着许多同学的作品，有绘画，有手工，有书法，上百幅作品没有哪两幅是相同的。

经过操场，就来到了教学楼。它是一座四层的"四合院"，红砖白墙交相辉映，显得美丽壮观。南北两边是教学楼，东西两边是老师的办公室。爬上三层，来到四年（11）班，站在走廊上，扶着银色的栏杆往下看——中间有两个方形花坛，各栽有一棵高大茂盛的榕树，荷兰铁树、罗汉松、红叶石楠、红花继木、黄金梅众星拱月般地围绕在榕树的周围，显得生机勃勃。

走进教室，几十张课桌椅排列得整整齐齐，同学们正拿着书本高声朗读课文，我也拿出书，读了起来。琅琅的书声在花坛上空久久回荡着！

校园中到处有美丽的景色，说也说不完，有空来细细观赏。

红　掌

林　翔

学校植物园里种着一盆生机勃勃的红掌。

红掌刚长出来的叶子是浅绿的，长大了的叶子是深绿的，叶面油光滑亮，绿得可爱。它向外舒展着身体，犹如我们的手掌一般。这些叶子大小不一，千姿百态：有的宽大粗犷，迎风招展，像是浑身有劲的大汉；有的娇小柔美，如同一位婀娜多姿的少女；有的东躲西藏，若隐若现，仿佛小孩在玩捉迷藏……那些绿叶一片压在另一片上面，不留一点儿缝隙，一阵风拂过，叶子就漾波纹，好看得很。

红掌的叶柄直直的，硬硬的，像一根根细长的绿吸管，它们吸收、输送养分，撑起一片又一片的叶子。

"红花配绿叶"，在这满盆鲜亮的绿叶中开着两朵火红火红的花，像两颗美丽的爱心，又像两团燃烧的火焰。每朵花上只有一片花瓣，一个花蕊，花蕊长在心型花瓣的心口上，像一颗金灿灿的玉米糖，看得我直流口水，用手去摸，硬邦邦的，真想把它掰下来吃！

为什么红掌的生命力这么顽强呢？我带着疑问，细心观察。

原来，红掌的茎上长有气根，浅绿的气根就是它的呼吸器官，气根就像我们的鼻子，每天都在呼吸，它让红掌更好地生长。

我爱植物园里的红掌。

小小金丝熊

郑云豪

我家里养了两只小金丝熊，它们有着小小的脑袋，三角形的耳朵，小巧玲珑的鼻子边长着细鱼骨似的胡须。那圆滚滚的身上覆着灰白相间的绒毛，加上小巧玲珑的短尾巴，可爱极了。因为它们是在元旦来我家的，所以我给它俩取名为元元和旦旦。

我把元元、旦旦放在一个大塑料桶里。白天它俩懒洋洋地趴在桶底的木屑上睡觉，一到晚上，就特别有精神，总想着怎样逃出去。它们不停地往四周攀爬，可是都徒劳无功，一次一次地滑落下来。机灵的金丝熊就把用来喝水的小盘子掀翻，倒扣在木屑上，站在上面，垫高自己，可还是逃不出"如来佛的手掌心"。一计不成又生一计，旦旦站在元元身上，来个"叠罗汉"试图爬出去，但还是攀不上"深院"绝壁。

它们在一起久了，难免有矛盾纠纷，还时常打架。有一次，旦旦突然咬住了元元的皮毛，死死不肯放开。元元尖叫起来，回头咬住了对方的爪子。就这样，它们谁也不肯让谁，僵持了好一会儿，双方都累了，就暂时停战。可是，没过多久，战争又打响了。旦旦趁其不备，又咬住了元元的皮毛。这时元元发怒了，用力地把旦旦往墙上撞，随后，它们抱成一团，在盆子里滚来滚去，打得天昏地暗不可开交。最后，只好我亲自出马把它们分开，并用木栅栏暂时隔开，双方才消停了下来。真是一对小冤家，让人欢喜让人忧。

这就是我家的小金丝熊！可爱又调皮的金丝熊！

一枝孤独的花

王可桢

三月初，天气已经转暖，尽管它还有点凉意。这正是春光明媚的时刻，用芳草编织的摇篮将沉睡已久的花儿摇醒，粉嫩的花儿在石缝里唱起了歌，小草听得酩酊大醉，和着美妙的节拍，扭动着身子，一会儿倒，一会儿起，都没有镇定的时候。

雨水打湿之后，再被阳光拭干的芳草是宜人的。草地里，草茎上挂着清晨的露珠。突然，我的目光被草坪中的一点红吸引住了。仔细端详，我不禁惊讶起来，啊！草坪的一角长着一朵不知名的小野花。它没有沁人心脾的香气，也没有讨人喜欢的外表，只有那羸弱的身子，在极力伸展着，在寒风中摇曳，在一片草里显得格外突兀。

一墙之隔的花园里撒满繁星似的花朵，珍珠似的露珠。同时，洒满美丽、生命、欢乐和芬芳。各种各样的花儿竞相开放，这朵凋谢了，那朵又开了，这朵被露水打掉，那枝新芽又冒了出来。成千上万的白色蝴蝶，犹如团团六月雪，在万花丛中盘旋着，远远望去，仿佛置身在童话的世界里。

那边是热闹的，这边却是孤独的。小野花的身旁没有蝴蝶为它翩翩起舞；没有小鸟为它祝贺新生；没有蜜蜂为它采花成蜜，只有孤独陪伴着它。不知是何原因，它流落到墙外的草地上，但它不妥协不

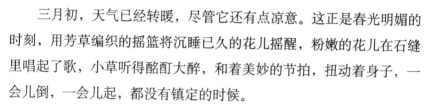

025

家乡的草珠子

气馁，终于在这个春天开出属于自己的花。也许，它曾经受到小草的奚落，曾经忍受暴风雨的洗礼，曾经承受寂寞的滋味，但是它挺过来了，全心全意默默地开花。它开花，也许是因为它知道自己有美丽的花；它开花，也许是为了完成作为一株花的庄严使命；它开花，也许是由于自己喜欢以花来证明它自己的存在。不管有没有人欣赏，不管别人怎么看它，它都要开花。我默默地看着它，沉思着……

路边菊，我的最爱

　　路边菊，你从不向困难低头屈服，有着傲竹的气节；默默奉献，却从不索取。你令我们敬佩，百花争艳时，你不过是悄悄站在一旁，花朵凋零时，你却挺着自己那瘦小的身躯为小路增添一份情趣……

路边菊，我的最爱

颜宸冉

四季之中，花是必不可少的，少了花，便少了一份情趣。有些人喜爱雍容华贵的牡丹，傲雪绽放的寒梅，出淤泥而不染的莲花，在刹那绽放芳华的昙花……而我，却喜爱着路边菊，不起眼的路边菊。

周日，百忙之中抽出空闲陪整天嚷嚷着要减肥的老妈去登山。下山时，我发现山上的大多数花朵早已凋零，路边只剩下了几根孤苦伶仃的小草。突然，我发现了一座"新大陆"：几朵菊花挺着自己那细小的腰肢在寒风中"发抖"。是啊，黄昏时分，正是最冷的时候，又正值秋末冬初，就连已穿了三件毛衣、一件羽绒服的我，也不由地紧了紧衣裳。而这几朵路边菊，竟一直撑到了现在！百花凋零的季节里，它却并没有向那寒风屈服，而是向秋风下了"战书"：来吧，我不怕你！这种不向苦难屈服的精神多么可贵呀！而我喜爱它，不仅仅因为这个，还因为它那无私奉献的精神。

菊花干，可以用来泡茶，沏一杯氤氲着茶香的水，加入几朵干菊花，那杂带着几丝甘甜的茶水，只要轻轻啜一口，心头便涌起一丝丝温暖，那香味弥漫在唇际齿间，久久不去……

路边菊，你从不向困难低头屈服，有着傲竹的气节；默默奉献，却从不索取。你令我们敬佩，百花争艳时，你不过是悄悄站在一旁，花朵凋零时，你却挺着自己那瘦小的身躯为小路增添一份情趣……

路边菊，你永远是我的最爱！

爬 大 蜚 山

梁佳淇

夏天的一个周末，爸爸、妈妈带着我去爬大蜚山。

我们坐着车来到山脚下。我看见来爬山的人很多，有白发苍苍的老爷爷，有年纪比我小的孩子，更多的是叔叔、阿姨。我望着高高的大蜚山，心里想：这么高的山，我怎么能爬得上去呢？这时，妈妈似乎看出我的心思，鼓励我："佳淇，你能行！"

我们沿着板条石阶往上爬。两边的树木高大挺拔，茂密的枝叶向四面展开，就像搭起了绿色的凉棚，为登山的人们挡住炎炎的烈日。这时，树上传来美妙的鸟鸣声，像在说："欢迎大家来大蜚山。"爸爸情不自禁地学着鸟儿叫两声，没想到林中的鸟儿叫得更欢，好像和爸爸对话，逗得我哈哈大笑。

我们一路上有说有笑，来到第二个亭子。我觉得有点儿累，就在亭里休息。这个亭子古色古香，很漂亮。有六根大红柱子，绿色的琉璃瓦，在阳光的照耀下，闪闪发光。放眼望去，到处都是绿色，我们仿佛置身于绿色的海洋。

我们继续往上爬。终于爬上了大蜚山，白云向我招招手，风儿给我擦擦汗。我站在山顶往下看，一切都变小了——马路像带子一样伸向四面八方；汽车像甲虫一样慢慢爬动；高楼大厦就像积木搭成的。此时，我成了一个巨人，真有趣！

快乐"六一"节

陈沛莹

盼星星，盼月亮，"六一"节终于如期而至。

今天阳光灿烂，心情舒畅。我起了个大早，喝了点豆浆，穿上心爱的裙子跟着妈妈兴高采烈地来到学校。走进学校大门，首先映入眼帘的是一个红色的气拱门，红旗迎风飘扬，花儿在微笑，树木在舞蹈，连小草也唱起了欢乐的歌谣，瞧！每个同学都绽开了花儿般的笑脸……

每个班都布置得五彩缤纷，我们班也不逊色。看，彩带、气球，五彩斑斓，造型别致，把教室装扮得精彩亮丽。黑板上"欢乐六一"四个大字是我们快乐的写照。今天班主任老师给我们开"绿灯"，允许我们自带零食，这下同学们大开吃戒，那个馋劲呀！好像几年没吃零食一样，哈！千姿百态。实习老师们看了都忍俊不禁。

联欢会开始了，首先是大合唱《快乐的节日》，同学们心情愉悦，引吭高歌，为联欢会拉开了序幕。接着是卢屹的电子琴独奏，只见他神情淡定，自信满满，手指轻叩间，优美的旋律顿时弥漫了整个教室，空气里仿佛飘荡着一群调皮可爱的音符。同学们都沉浸在美妙的音乐之中……

接着轮到我和李睿思上场了，我的心中好像有一面小鼓，一直在"咚咚"地敲着，当我看到妈妈鼓励的目光，于是我就深吸一口气，不再紧张，自信、微笑地把一首歌演唱好。听到同学们热情的掌声，我和李睿智相视一笑，我们体会到成功的喜悦。我坚信明年我们一定会更出色！

五班同学的友情客串《时装秀》，让我们捧腹大笑；我们还跟实习老师合影留念。最后全班同学一起和实习老师跳《兔子舞》，把联欢会推向高潮，同学们心花怒放、情趣高涨，每个班级都飘出歌声、笑声，让节日的校园变成了欢快的海洋。

同学揣着奖品，抱着气球，攥着彩带，满载而归。"六一"节是盛满着我们快乐的日子，真想天天过"六一"啊！

体育节上多俊才

林子昊

时维十月，余秋争辉。是日，天高云淡，惠风和畅。

仙游实小新校区迎来了第一届体育节。开幕式，别具一格：篮球、足球、乒乓球方阵，各显风采；游泳队、啦啦队、武术队，尽展雄姿。

我临阵脚戚，悲欣交集；徒有歆慕，作壁上观。

访风景于操场。瞧！同学们都各自归位热身，有的在跑步；有的成群结队在跳长绳；还有的在打篮球……"战斗"的号角吹响了，跳长绳比赛正式开始，各位运动员神态自若，毫无惧色。只见裁判员一声令下，打绳队员甩起绳来，虎虎生风，跳绳队员如"风火轮"似的跑动起来，一边的同学的数数声一浪高过一浪，运动员们脚下生风，轻盈灵巧。"小心！"我班有个运动员差点就绊住绳子，我大声叫喊。他听见呼喊，迅速起脚，绳子从他脚下轻轻地滑过，真是虚惊一场……

篮球场上，战友如云，身手不凡，究竟冠军花落谁家？请拭目以待！一分钟运球投篮正式开始：只见一位同学高高跳起，来了个头顶双手投篮，球在空中划出了一道美丽的弧线，不偏不倚地落入篮筐，开门红！围观的球迷欢呼雀跃。还有一位"大神"，他弓着腰，运着球，小腿紧绷，放低重心。突然，他纵身而起，身轻如燕，手指轻轻一拨，篮球在空中旋转，"砰"的一声，干净利索地钻进篮筐。他一连投进十几个，球迷们都投来羡慕的目光。他的球技让我大饱眼福，"哇，好厉害！"我不禁啧啧赞叹。"哈哈哈……"哪里传来了阵阵笑声，原来一位选手"断片"了，一分钟里，"颗粒无收"，却"粒粒皆辛苦"，让人贻笑大方。

在这次体育节中，我发现了人中有英杰，只因大地有灵气。愿仙游实小多培养出英俊之才，名扬天下。

"初恋"的滋味

吕墨凝

　　当我遇见你，你正倚在书店的橱窗旁，隔着一扇玻璃，墨香四溢地对我微笑。我的心脏狂烈地跳动起来。那时，我想，这就是席慕蓉笔下的初相遇，这就是"初恋"。我们彼此相望，隔着一层透明的宣纸，僵持在那个冬天穿堂而过的风中。

　　从那以后，你成了我生活中必不可少的一部分。当我咬文嚼字时，你站在我身边，温柔地扶着我的肩膀；当我泼洒才情时，你拥抱着我；当我站在海边吟诵泰戈尔的诗词时，你微笑着牵住我的手……

　　下雨时，你撑着一把伞，与我牵手站在幽幽诗意的小巷里。你告诉我戴望舒和丁香；你告诉我你听见这些房子喘息的声音，它们不久就要回归泥土成为过去了，它们也老了；你告诉我人永远是一群被内心的遗憾与憧憬所奴役的生物，夹在生命的单行道上，走不远，也回不去……

　　如果没有你，那么有谁来告诉我，是谁在穷途末路放声痛哭，是谁横刀立马以一敌众，是谁惊才绝艳遗世独立，是谁侠骨柔肠流传千古，是谁平视王侯笑傲群伦，是谁纵马狂歌爱恨浓烈，而又是谁，在这苍茫深远的时间河流上陪我看尘世寥落，霜冷长河……

　　你就是文学。你从远古走到今天，从高加索山走到亚马孙河。你腾空而起，连接万里；你飞过时间，跨越空间……儿时，你只是一首首古诗词，而如今，你已成了我生活中不可或缺的一部分。

我的心脏曾经问我，这么多年来，从我与你的惊鸿一瞥的邂逅开始，你是我的哪部分？我平静地告诉它，你是离我心脏最近的那一根肋骨，与爱共同守护着它的跳动。

书 的 故 事

戴书豪

早上，邮递员叔叔又把妈妈给我订阅的书籍送来了。我接过书，正想把书塞进书架时，妈妈见了，说道："现在的孩子真是太幸福了，每天都有书看。"我马上反驳："哪是幸福，我快被书压得喘不过气来！""你呀你，真是身在福中不知福，你不懂我们小时候看书有多难。"妈妈打开了话匣子，滔滔不绝地讲起她小时候看书的故事来。

20个世纪80年代，乡镇新华书店几乎没卖孩子们看的课外书，孩子们读的就是那几本课本。妈妈上五年级时的一天，一位同学从家里带来了几本黑白《西游记》连环画。这几本连环画，在当时算是稀世珍宝。同学们见了，纷纷围上来，那场面不亚于当今中了五百万大奖。在妈妈的百般请求下，那位同学才肯借一本连环画给妈妈看。不过，还必须在放学前还给她，妈妈如获至宝。为了能早点看完连环画，妈妈在上课时也偷偷地看，却被老师发现，连环画被老师没收了，对不住同学，妈妈还痛哭一场呢。

听了妈妈讲的故事，再看看自己，我们生活在这个年代真是太幸福了。"十一五"期间，覆盖城乡的公共文化服务体系基本建立，人民群众基本文化权益得到了更好的保障。乡乡有文化站，农家书屋工程覆盖了百分之五十的行政村。农村基层看书难的问题得到了解决。乡镇、县里书店比比皆是。妈妈读五年级才接触到《西游记》，而我读幼儿园时，妈妈就给我买了注音版彩色的《西游记》。上了小学，我认的字多了，妈妈还经常带我去图书馆看书、借书。现在的新华书店看书就更方便了。里面的书多又新，条件也好，环境舒适，大人小孩都喜欢在这儿逛逛，还可以在书吧里免费读书。

弹指一挥间，沧桑巨变。书的故事折射出人们的生活越来越幸福。

"偷"书乐

郑昕怡

我爱书。它总是那样地令我着迷。

我从小就爱看书，刚识字时，手里就捧着注音童话书，用手指着字，慢慢地读，竟也读完了几十本童话书。长大后，我对书的痴迷依然不减，而手中的童话书已换成了文学名著，我常常一看就是几个小时，每次都要把一本书一次性看完，眼镜片也在不知不觉中加厚了，为这，妈妈可费尽心思了。

路边菊，我的最爱

"妈，我要看书！我已经两个月没有看名著了，而且现在也放假了，您就发发慈悲让我看一会儿书吧。我……""不行"，我话还没说完，妈妈就斩钉截铁地拒绝了我的请求："书被我藏起来了，你别想找到。你看看你，都近视了还想着看书。要我给你书，没门！"妈妈把我赶出房间，自个儿午睡去了。"哪有这样的妈妈，"我嘀咕着："哼，您不让我看，那我就偷书看。"说干就干，我开始了"偷"书行动。

我把家里翻了个遍，床底、衣柜顶、小柜子……我没有放过一处地方。差不多找了半个小时，疲惫的我还是什么都没有找到，我沮丧极了，无力地躺在床上，忽然，我无意间扫过的目光落在了床与墙的空隙，"啊！密码箱，难道？"我心怦怦直跳，一骨碌跳下床，钻进床底硬是把大箱子拖出来，我决定打开箱子来一探究竟。我按了按开关，发现密码箱上了密码。我拨弄着密码键，打不开呀。我想了想：输入了我们的生日，试了好几次都不对。我不气馁，再接再厉，那会不会是用电话号码或手机号码来做密码？试了，还是不行，时间一分一秒地过去了，我有点慌了。难道会是用身份证号？我就这样心急如焚、手忙脚乱地试了半个多小时，急得我满头大汗，能想到的数字都试了，还是无功而返。哎，我还真是佩服老妈，这么具有侦探头脑。我垂头丧气地坐在地上，我真想放弃啊，但一想到书，我就抵不住诱惑了。聪明的脑袋啊，快想快想，难道老妈会用我们组合的数字？我又重新燃起斗志，试了几组数字，当我输入我、妈妈、爸爸的生日的组合数时，突然，密码箱发出"砰"的一声，如此清脆声音让我慌了神，我既紧张又兴奋，小心翼翼地打开密码箱，顿时眼前一亮，是书！是书啊！这真是刺激，我迫不及待拿出一本厚厚的《战争与和平》抱在怀里，心中的激动难以言发。我迅速翻开书，囫囵吞枣地看着，还不时竖起耳朵，听隔壁睡觉的妈妈有没有动静。很快，我入迷了，也放松了警戒，放慢了看书的速度。看到精彩的句子，我会读出声来，细细体会作者要表达的是什么。我还从书房里拿出一支笔，画出精彩语句，并写下自己的体会。

不知道过了多久，我目光偶然扫过页码，已经看了一百多页了。我放下书，揉了揉眼睛，伸展着身体。正当我准备再看书时，隔壁的房间发出开门声。我立刻条件反射地把书放进密码箱里，用力地把箱子推回了床底。妈妈出来了，她疑惑地问我："你在干吗？"我故作轻松："做操呢，运动运动。"妈妈半信半疑，走进房间巡视了一圈，莫名其妙地盯着我看了好一会儿，吓了我一身冷汗。我心里不断地念叨：妈妈，求您了，别再有一双慧眼了吧！妈妈没有穷追猛打，我悬着的一颗心终于放下了。

接下来的几天，我不断地侦查、分析、推理、实践，终于练就"偷"书的高超本领了。正当我窃窃自喜时，最终还是被机敏的老妈发现了。在遭到老妈多次的"黄牌警告"和"河东狮子吼"后，我仍然本性不改，背着妈妈继续偷偷地找书、看书，这是多么惊心动魄的快乐啊！

书的诱惑，就是如此巨大！

037

读书，美妙的心灵之旅

黄润儿

书是智慧的启迪，宁静的知己，黑暗中的晨曦。读一本好书，就是一次美妙的心灵之旅。

路边菊，我的最爱

上幼儿园的时候，我就爱听妈妈讲故事，每次妈妈讲得喉咙都沙哑了，我却还是不肯罢休。书里的故事，就像露珠一样滋润着我幼小的心灵。从一个个感人的故事中，我感受到了人的善良，动物的友情，春的温暖，夏的炎热，秋的凉爽，冬的冷峻……

步入小学之后，我就喜欢自己看书。每当星星入眠时，我就躺在被窝里看会儿书，解解馋。书里的世界是那样的宽阔、美妙，我被深深地吸引住了。

有时候，读书就像在欣赏一幅风景画。手持一书，吟咏于四壁之内："敕勒川，阴山下。天似穹庐，笼盖四野。天苍苍，野茫茫，风吹草低见牛羊。"这时，我的眼前就浮现一幅敕勒草原的优美风光图：蓝蓝的天幕上，缀着朵朵白云，一望无际的草原上如锦似画。一阵风儿吹过，波浪般起伏的绿草中浮现出了成群的牛羊，悠然恬静，让人心旷神怡。

038

有时候，读书就像在聆听一首动听的歌。"稻花香里说丰年，听取蛙声一片。"当落叶踏着旋转的舞步，依恋地投入大地妈妈的怀抱时，稻田里的脱谷声，小孩的欢笑声，大人的谈笑声，青蛙的鸣叫声，响成了一片，谱写成了一首动听的歌曲。我的耳畔仿佛响起了周杰伦的《稻香》那熟悉的旋律：……还记得你说家是唯一的城堡／随着稻香，河流继续奔跑／微微笑，小时候的梦我知道／不要哭，让萤火虫带着你逃跑／乡间的歌谣永远的依靠／回家吧，回到最初的美好……

读书，就是把生活中寂寞的时光换成巨大的享受时刻；读书，就是一次次美妙的心灵之旅。懈怠时，书告诫我：少壮不努力，老大徒伤悲；失意时，书鼓励我：山重水复疑无路，柳暗花明又一村；浮躁时，书提醒我：静以修身，俭以养德。

读书，将引领我去成长，去感悟，去向往，去飞翔……

吃 菜 记

刘昕扬

　　七岁那年，我们家因为吃菜问题不知爆发了多少次战争。我也因为这几场战争流过不少的眼泪。

　　在我的脑海里，吃菜吃得最痛苦的一次是在生日的前一个星期。那天下午，我和爸爸回到家，桌子上，一盘盘香气扑鼻的山珍海味映入眼帘。我高兴极了，可是当那盘翠绿得有点刺眼的大白菜被我看见时，我心里一沉，欣喜立刻化为乌有。

　　我想：如果我很快把饭吃完，是不是就不用吃菜了？我立刻如一匹脱缰的野马，一根离弦的箭一样，跑到桌前，不管三七二十一，吃了起来，就连那平时我见一眼口水都会飞流直下三千尺的红烧肉也视而不见。

　　然而，还是躲不过吃菜……

　　什么？一大把菜突然出现在我的碗里。望着这些菜，我害怕极了，仿佛它们是一个个张牙舞爪的恶魔！"能不能……不吃？"我小心翼翼地问爸爸。"不能！"爸爸坚定地回答。我试着把菜吃下，可一闻到那种菜味，我就立刻"呕——"了一声。爸爸听到这种声音，立刻望向我，目光严肃而冰冷，我的心里顿时被千万把利剑刺中。

　　饭吃完了，可那菜还在！爸爸终于拿出了他常用的武器——筷

路边菊，我的最爱

子。我哆哆嗦嗦地把菜放到嘴边，仿佛放着一条条绿色的毛毛虫，控制不住，"呕——"，我又把菜吐了出来。

　　突然，我的心里出现了一个好"邪恶"的想法：把菜放到纸上，包住，再放进口袋里。不错不错！我洋洋自得起来。我小心翼翼地抽着一张纸巾，尽量不让塑料盒发出一点儿声音。可正当我把纸巾抽出一半时，爸爸转过了身。转过了身！我一惊，用大脑做出最快的决策——若无其事地接着把纸巾抽出，从从容容地擦了擦嘴。爸爸多疑地问："你干吗？""擦擦嘴啊！"我镇定自若地说。"快！给我在五分钟之内把这些菜吃完！"他很不耐烦了。不过，说完这句话，他又开始专心致志地看自己的书了。我又抽出一张纸，心想："这次可别失误啊！"这次做得比上次成功，可失误往往就在快要成功的时候出现，我把菜放进纸巾的时候被爸爸发现了！那一刻来得是那么突然——爸爸为了拍一只蚊子转过了头。爸爸惊呆了！当他明白我正在干吗时，我手背上立刻多出了一道筷子的红印。

　　当时，被打时，我想，我错了，错得是那么离谱，计划太不好了，得改好一点儿。现在想起，这，和计划有关吗？

拔　　牙

陈林韬

　　深夜，四周死一般的寂静。

　　突然，一阵钻心的痛向我袭来，把我从香甜的睡梦中揪醒。我揉了揉惺忪的睡眼，一骨碌爬了起来。哎哟，牙齿痛！我捂着剧痛的牙齿，在床上龇牙咧嘴，一直呻吟。妈妈站在床边焦急地看着我，但束手无策啊！以为一阵子后应该就不疼了，想不到牙虫大军丝毫没有停工的想法，一直在放肆地蚕食着我的牙齿。

好不容易熬到了第二天，牙痛却有增无减，折磨得我直哼哼。妈妈好说歹说硬是把我拉进了牙科。店里那浓浓的消毒水的味儿使我坐立不安，墙上牙齿的解剖图让我心惊胆战，闪着寒光的医用工具亮得我直打哆嗦……任何的气息都让我有种逃离这儿的冲动！

一位戴着口罩的医生朝我走来，我如临大敌，紧紧地捂着嘴。医生和颜悦色地说："小朋友，昨天晚上牙齿痛得厉害吧？"我轻轻地点点头，但还是紧紧地捂着嘴。"来，让阿姨看一下。我帮你看完之后牙齿就再也不会痛了，你就可以想吃什么就吃什么。多好呀！"妈妈也在旁边帮腔着。我忐忑不安地躺在治疗椅上，"咚咚……"医生拿着镊子敲了敲我的牙齿，疼得我眼泪都流了出来。紧接着，她又换了根类似微型电钻的工具在我的口腔里鼓捣着，发出"吱吱"的声音。那声音让我神经紧绷，不知医生要用它在我的牙床上钻多深的洞啊？

"别怕，完了。"没挖"洞"？！医生把一个充满药味的棉花塞在我的牙齿里。顿时，一股无名的辣味在口腔里迅速漫延开来，我恶心得不时地吐口水，恨不得把棉花摘掉。

都说"牙痛不是病，疼起来真要命"，现在我算是尝到了自己种下的苦果了，悔不当初啊！看来，今后一定要勤刷牙、勤漱口、少吃糖、护牙齿呀！

花生保卫战

李宇涵

暑假来临，爷爷的花生也丰收啦！不过，别高兴得太早，因为总有两只不怀好意的松鼠来分享美味。于是，一场激烈的花生保卫战便在我家上演了……

"呼呼！"咦，楼上怎么传来一阵奇怪的声音？糟糕，松鼠又来偷花生了！我操起家伙，冲上楼去。一个灰影"嗖"地一闪而过，立在瓦房顶上。我狠狠地说："果然在偷花生，可算让我逮着了！哼，这下看你们往哪儿跑！"我奋不顾身地冲向小松鼠，小松鼠可能是被我的气势吓着了，仓皇而逃。我穷追不舍。忽然，"啪嗒"，我脚下一滑，摔了个"狗啃泥巴"。这并不能阻止我的脚步，我不假思索地爬起来，一边抹嘴，一边向外跑去……

"呼呼呼"，一波未平，一波又起。客厅里剧烈的窜逃声又将我请回客厅。糟糕！敌方又来了援军——又一只金色的小松鼠！我尖叫着，准备将这位"不速之客"送出去，然而并不成功。或许是被我吓坏了吧，它被我赶得像只无头苍蝇般地满客厅瞎跑乱窜。在双方激烈的交战之后，这只调皮的金色松鼠终于"撤军"——出了我家客厅。

唉！终于可以松口气了。我慢悠悠地去关后门，现在的松鼠也跟人类一样进化得愈来愈聪明，都懂得"声东击西"了？难道他们读了

《"松"子兵法》，没准还研究许久了呢？

我关紧后门。哼，别以为读了点儿兵书，就可以为所欲为了！我把"城门"关了，看你们还怎么"声东击西"。哈哈！

我坐在秋千上，啃起了美味的花生，准备守株待"鼠"。突然，我感到脑后发凉——我猛一回头，瞧见了两颗又黑又圆的小珠子——松鼠的眼睛！那只金色的小松鼠倒挂在树枝上，满脸的挑衅。我俩四目相对。"啊——""吱——"我和松鼠不约而同地大叫起来。"咻"！松鼠一溜烟，不知跑到哪儿去了。我愤怒地抡起小锄头，随时要与他们"一决高下"。一段时间了，小松鼠没有再现身，我放松了警惕。不料，过了一会儿，他们又"大举进犯"，与我周旋起来。我再也控制不住体内的"洪荒之力"啦，一怒之下，用扫把在空中胡乱挥舞，松鼠终于被我吓得蹿出客厅。我气呼呼地关上大门！

哼哼，让你们偷吃？这下连花生影儿也别想见着。我正得意地想着，忽然，那两只松鼠又从天而降……

043

我 长 大 了

郑鑫蕾

太阳像个大火球，炙烤着大地，公路上没有一丝风，迎面扑来一股股热气。我和晨晨走在上学的路上，这感觉可真难受。

突然，这热气变了味，变得臭气熏天。我们寻味而去，原来，垃圾桶旁边垃圾满地，一只只苍蝇正在上面快乐地飞来飞去……

"要不要把垃圾都捡起来，放进垃圾桶啊？"我想。"这么脏！这么臭！这么恶心！你敢捡吗？还是走吧。"我的耳边传来另一个声音，这也是我说的。"这些垃圾放在这里，臭到别人怎么办？""那是他们自己的事，再说了，你真的敢捡吗？""这……""嘿嘿，那还是听我的吧。"我犹豫了老半天，最后，下定决心，要把垃圾都捡起来。

"晨晨，我们一起把垃圾都捡起来吧。"我说。晨晨为难地说："可是，那么臭，那么脏，我的裙子是妈妈昨天才买的……我们上学要迟到了。""没关系，我们捡垃圾也算是做了件大好事。""那——好吧。"

开始捡垃圾了，我嫌弃地将头扭向一边。我的手摸到了一个黏黏的东西，应该是口香糖，甩都甩不掉；又摸到了一个弯弯的滑滑的东西，应该是瓜皮；还有一个圆圆的，皱巴巴的东西，应该是一个小纸团……

"啊，终于捡完了！"过了好一会儿，我开心地说。晨晨大叫："大功告成！""你在做什么？""写字。""什么？""等下你就知道了。"他从书包中找来一卷胶布，贴在那张纸的背面，然后把那张纸牢牢地贴在垃圾桶上，上面写着：文明——只差一步。我竖起了大拇指："你想得真周到。这样的提醒确实有必要。"

我们已经累得满头大汗，可是看到这么干净整洁的地面，都欣慰地笑了。我真想对自己说："你真棒！是一个文明的好公民，能为他人着想。你终于长大了！"我顿时感觉到自己真的长大了。（本文素材来自人教版五年级上册《语文》第73页。）

有挫折的人生更精彩

王靖涛

　　无论是平民百姓，还是帝王将相，都会遇到困难与挫折。当我们跨过那些障碍和沟壑，沿途为你注入活力的一切景物，将会成为心中最美的一道风景线。

　　朋友，还记得美国著名作家海伦·凯勒吗？她被马克·吐温誉为19世纪最伟大的文学作家之一。她儿时生过一场大病，经过救治，总算捡回了一条生命，但也因此丧失了视觉与听觉。尽管如此，海沦·凯勒就是不向厄运屈服，挑战生命的极限，学会了英语、德语等多门外语，并以优异的成绩考上了哈佛大学。她生活在黑暗中，却给人们带来光明。是的，只有披荆斩棘，才能走出一条属于自己的路。

　　朋友，还记得刚直不阿、幽愁发愤、凛然正气的太史公吗？他游历名山大川，博览经典秘籍，忍受宫刑，忍辱负重，才有了《史记》的诞生。朋友，还记得"长风破浪会有时，直挂云帆济沧海"的诗仙吗？安禄山、高力士像两只吸血鬼动摇着大唐的根基。面对历史的难题，李白毅然离开了盛唐朝廷，"安能摧眉折腰事权贵，使我不得开心颜"。李白用自己不屈的诗词竖起了一座人性的丰碑……要是没有被贬，要是没有纵情山水的抉择，哪有诗词世界中的这棵参天大树！

　　孟子曰："天将降大任于斯人也，必先苦其心志，劳其筋骨，饿其体肤，空乏其身，行拂乱其所为，所以动心忍性，增益其所不能。"是的，没有风雨的阻险，哪有明天太阳的美丽。一帆风顺的旅途固然令人向往，但这样的风景却难以使人荡气回肠。同样，人生的舞台上，如果没有遇到困难，将会是多么的苍白无力啊！

有挫折的人生更精彩！

超人老爸

林毅正

爸爸在我眼里就是一位超人，一位排除故障的超人。不信，请听我细细道来：

我有一架美致牌遥控汽车，两轮驱动，是姑姑送给我的新年礼物。最近，这辆车似乎生病了，不愿意跑了，不管我怎么充电，怎么按开关，几乎使尽了十八般武艺，但它除了发出轰隆隆的引擎启动声外，就是趴在地板上，呆呆的，一动也不动。

周末，爸爸回来了。我心中大喜，因为爸爸是部队的高级工程师，被他们领导称为"特设一把刀"，修直升机都是高手，这小小的遥控汽车更是小菜一碟了。

我帮爸爸取来万能工具箱。爸爸从箱里取出一把十字螺丝刀，将车子倒过来，只见他手持十字螺丝刀，将车子底座上的一个个螺丝旋松，倒出，掰下底座，车身里面露出纵横交错的线路。爸爸开始仔细检测是哪一个线路出了问题。没有任何仪器，爸爸只能凭着多年的技术经验来检测、排查。

爸爸一会儿用螺丝刀敲敲，一会儿又用手指捏捏某一个线路，弄下了许多粉末。过了不久，爸爸便找到了故障的原因，原来是传感器的一条线路短路了。爸爸拿出老虎钳将故障线路剪断，又重新连接，再把底座安上，将螺丝拧好。我把车子放到地上，一按遥控器，哈哈，车子又运行自如了。

不只是帮我修玩具汽车，家里的任何东西出了故障，爸爸那神奇的大手摸一摸，修一修，故障很快就解决了。

我敬佩我的爸爸，因为他是我们家的排故障超人！

妈妈，我想对您说

陈灏程

047

亲爱的妈妈：

您好！

昨天晚上听您说，现在国家已全面放开"二孩政策"。您还问我："你想要一个小弟弟或是小妹妹吗？"我心头怦然一震，心中五味杂陈，就像打翻了五味瓶。我摇摇头，表示还没想好。回到房间，我拿起一本新买的书，却一个字也看不进去。

我是想要个小弟弟或小妹妹，这样可以多一个玩伴；可我却又不想要，因为我想这样的话，你们的爱会不会从我身上转移到了他（她）的身上呢？会不会把我所有的玩具连同魔方一起给他（她）

路边菊，我的最爱

呢？当他（她）抢我的玩具时，您会不会说："你是大孩子了，好好学习，不要再玩玩具了"或是说"你是哥哥，要懂得谦让"等等？如果他（她）看见了我心爱的东西，我不想给他（她），他（她）不依不饶，号啕大哭，直至您满足了他（她）的要求，他（她）才会消停、停止哭闹呢？当我做完作业，去了一趟卫生间，回到房间时，会不会看到被"肢解"的作业本呢？当我新买回来的书，在我放学回来时，会不会被"车裂"呢？当我要出去玩时，后面会不会有个"尾巴"缠着我呢……我所有的担心都不是多余的，也不是我无端的臆测，而是已从我的堂弟身上看到了。

我想要一个小弟弟，因为他不像小妹妹那样爱哭，不至于弄得手足无措；可我又想要个小妹妹，她不像小弟弟那样顽皮淘气，搞得我焦头烂额。我很矛盾，也很纠结，但同在一个屋檐下生活的两个小孩，他们的缺点，在有限的时间和空间里总会伤害到别人。

所以，妈妈，我更希望我是个独生子，拜托，不要再给我生一个弟弟或是妹妹了。

祝您

身体健康！

爱您的儿子：灏程

2015年10月30日

妈妈寄语：孩子，你想得比妈妈还多！我对你的爱绝不会减少，只会越来越多！从你呱呱落地，从你蹒跚学步，从你牙牙学语，从你的一点一滴的变化，每一个镜头都已深深地烙在我的心上，我哪里舍得减少对你的爱？你不要多虑，一切如常，爱你依然！

感　恩

林　晟

　　感恩是一种处世哲学，是生活中的大智慧。感恩更是中华民族的传统美德。"饮水思源"的古训家喻户晓，"滴水之恩当涌泉相报"的思想，老少皆知。千古绝唱"谁言寸草心，报得三春晖"表达了儿女对母亲的恩惠报答不尽的感情，怀有感恩之心的人，就会有感恩的回报……

　　星期六晚上十一点左右，我强打起精神，耷拉的眼皮中的眼球终于看到了模糊但熟悉的身影，啊！妈妈回来了！

　　"儿子，这么晚了还没睡啊！"

　　"对呀，妈，明天就是母亲节了，我晚上就送你一个礼物。"

　　"什么呀，小孩子可不能乱花钱呀！"

　　"妈，这礼物不用钱的，只需要我的一双手，"我摊开双手瞎扯一气，"我帮您洗头，洗头可是有助于睡眠的呀。"妈妈笑了，很明显，她答应了。

　　我走进卫生间，放了一盆温水，再到时客厅拿来一把小椅子放在一边，再把洗发露和毛巾也放在一边，然后便请妈妈坐下。

　　"妈，把头低下。"我"指示"着。妈妈"听从命令"。我托着头发，抓起一旁的牙杯，舀了一杯水，慢慢地把水洒满妈妈头上的每一个角落。待头发弄湿后，我便让"奶油"在妈妈的头上安家落户。我慢慢地按摩着妈妈的头皮，直到妈妈的头变成了一块"奶油蛋糕"。我举起牙杯，把里面的水倒在妈妈的头上，使劲儿地按摩着，搓着……

"妈，我会不会太用力了？"我俯下身子问。"不会不会，"妈妈笑着，"有的恰到好处。"冲洗干净后，我拿起毛巾，认真地擦着，就在这时，我突然发现……妈妈，妈妈她有了数不胜数的白发！我情不自禁地回想起妈妈默默关心我的事：妈妈深夜为我盖被子，为我洗衣服，做饭。而我却天天惹她生气。想到这儿，我不禁鼻子一酸，眼泪在眼眶里打转……

我暗暗下定决心，今后一定要怀着一颗感恩的心，让妈妈少长几根白发，让妈妈的头发永远乌黑明亮！我看到妈妈的眼里含着泪水，我知道，那是幸福的泪水。

感恩，让生活充满阳光，让世界充满温馨……

050

"三包"之家

林可欣

"书包"

我是个小书迷。那一次，爸爸又给我买回两本书，我简直就是手不释卷，连吃饭、走路、睡觉前的时间也不放过。妈妈劝得不耐烦了，一把夺过书塞进书架。我见封面的书脚没放好折坏了，心疼得差点掉泪。也许妈妈看出我的心思，把书重新抽出放好，我才破涕为笑。所以我便有了"书包"这个称号。虽然我的"书包"还小，但我想装更多的书，学更多的知识。

"钱包"

妈妈每逢周末总得去逛街。就拿上周日来说，妈妈带我逛街回家后，好嘛，三条裙子、一双靴子、一个背包，还有许多小玩意儿和一大把零食。我一算：天，一个上午就花了五百多元钱！妈妈说还要买我和爸爸的皮鞋……这不是钱包？我真替她的钱包担心。

"资料包"

过去每次遇到什么难题，我总能从爸爸那里问到答案。可现在问这个"资料包"就有两种结果："真不知"和"假不知"。记得有一回，我遇上了一道难题，便喊："爸爸，这题怎么做？"爸爸过来瞄了眼作业本说声"不知道"后又埋头看他的报纸。怎么会呢？他可是老师啊！我左思右想，便明白了：爸爸其实会做，可他认为很简单，我不该不会做。他是想让我自己想办法来解决这道题。过了不久，我果然扫清了"拦路虎"。如果，我问的难题，爸爸左顾右盼才结结巴巴说"不知道"时，我就知道他真不会了。这时他会钻进他的书架里，直到解决问题为止。从爸爸那里，我懂得了怎样成为"小资料包"的秘密了。

成语接龙大PK

陈　实

　　周六，温暖的阳光照射在我家窗台上，太阳的光亮透过这一块块玻璃展现了出来……

　　"今天是双休日，咱搞个史无前例的活动吧！"妈妈活力四射地说。"不！不！"我强烈抗议。"抗议无效！"老爸笑着说，"双休日举行活动，就是为了让你轻松一下嘛。酱紫（这样子）吧，咱玩个成语接龙大PK。"老爸无视我的抗议，把活动定了下来。

　　"我先我先！"我急忙叫道，"成语我牛啊！火急火燎——妈，该你了！"老妈紧锁眉头，绞尽脑汁思索着。忽然，她眼睛一亮，抬起头来，从牙缝中挤出四个字："燎原烈火！"老爸一脸轻蔑，好似大将军面对俘虏一般，曰："呵，小菜一碟。听好了啊——火尽灰冷！下一个了，孩子，别让老爸失望啊！哈哈哈！"这可让我犯了难，本想给爸妈一个下马威，不想遭了个"马后炮"，真是气啊！"冷"？！有用"冷"字开头的成语么？良久，我看见电视上周杰伦冷漠的表情，顿时来了灵感："哈！冷若冰霜！""双双成对！"妈妈不甘示弱地接下去。"你输了！此霜非彼双！"我兴奋地大叫。"不，你个小笨蛋！不知道接龙可以用同音字吗？""啥？这也行……"我垂头丧气了。"别浪费时间了。对症下药。""药到病除。""除旧布新。""欣欣向荣。""荣……荣……投降！"我无力招架，只好投降求饶……

虽然PK我早早落败，但我也能感受到爸爸、妈妈对我的照顾；虽然PK我并没胜利，但我也学到了很多；虽然这次PK没有奖杯，但我却感受到了家给予我们的爱！爱是成功的动力，生活的调味剂，情感的味精……而家，是爱的发源地。

别再叫我购物狂

黄星怡

不怕你笑话，我曾是给典型的购物狂，仅以我卧室的好几个抽屉为例，里面就横七竖八地堆着各种各样的笔、橡皮、彩色画纸、让人眼花缭乱的贴纸、大大小小的笔盒和好几个手表……父母不给买？那我就跟他们吵得天翻地覆，直到他们投降为止。

老妈实在忍无可忍，终于选了一个良辰吉日坐下来和我谈判。"你想不想有自己的零花钱呢？"她问。"那还用说！"我一听，乐了"谁不想有花钱的自由啊。""可我是限额供应，你用完不能再跟爸爸妈妈吵着要。"妈妈认真地说。"没问题！"我激动地满口答应。妈妈又补了一句："你用在哪儿我都不管，但你花的每一分钱都得记录下来。"这有何难？我答应了。

那天，我拿着零用钱在大街上幸福地逛着。在一家柜台上，我看到了一本很漂亮的本子，还有一些精美的文具，我决定：买下来！问

路边菊，我的最爱

了价钱后，我便豪爽地花钱买了下来。可回到家里，我就把文具放在抽屉里。我非常高兴！我可是第一次拥有这么多自己的钱啊！我拿来本子，郑重地开始记录下开销的状况。挺新鲜的！

没想到，不到半个月居然把一个月的零花钱都用完了，还倒贴了不少压岁钱！望着本子上记录的清单，我突然发现很多东西没啥用。我只寄望下个月到来时，认真计划，不乱花钱。

说来容易，做来难。以前上街就得买冷饮，见到漂亮的东西就眼馋，但现在我必须抵住诱惑：白开水是最好的饮料！漂亮的东西买也买不完，我也不缺。果然，经过我几个月的努力，我的钱袋"涨"了起来。以后，我不再是"购物狂"了！

清风里的游历

　　这音乐时而高昂，时而低沉，时而欢快，时而哀伤。余音绕梁，如缕不绝。是兴奋于生活的美好，还是难过于自己的渺小，是欢快于月光下的享受，还是忧伤于夜晚的寂静。这一切互相矛盾，又和平共处，我虽疑惑但却在歌声中明白了。我看见一只蟋蟀卷着触须，发出小提琴般的美妙音乐，是在给蝉伴奏吗？我还看见一群黑甲虫挥动着前肢，表达着对蝉歌声的认可与喜爱。

清风里的游历

邓　婕

月朗星稀的夜晚我来到了草虫的村庄。

"明月别枝惊鹊，清风半夜鸣蝉。"这不，来到了草虫村庄里，最先听见的是一曲动听的歌曲。我循声走去，走过了一片嫩草森林，淌过了清澈的小溪，翻过了一座草堆大山，终于找到了这位演唱家，蝉。那首天籁之音的曲子，不亚于那些著名音乐家演奏的歌曲。比肖邦的《幻想即兴曲》梦幻；比莫扎特的《费加罗的婚礼》明朗；比亨德尔的《阿尔西那》抒情。这音乐时而高昂，时而低沉，时而欢快，时而哀伤。余音绕梁，如缕不绝。是兴奋于生活的美好，还是难过于自己的渺小，是欢快于月光下的享受，还是忧伤于夜晚的寂静。这一切互相矛盾，又和平共处，我虽疑惑但却在歌声中明白了。我看见一只蟋蟀卷着触须，发出小提琴般的美妙音乐，是在给蝉伴奏吗？我还看见一群黑甲虫挥动着前肢，表达着对蝉歌声的认可与喜爱。而我要是能明白它们的语言，我也想告诉它我的陶醉。我是真的想走进它们的内心去体会那些深不可测的智慧。

这时我看见不远处有光亮，过去一看原来是萤火虫。绿莹莹的光亮使这片森林更加幽静，美妙。但仔细一看灯光聚在同一个点上。啊哈！是一只披着银色轻纱穿着红色衣服的小园虫，它以一个草堆为舞台，以萤火虫的光为探照灯，自己扭动身子一前一后，左右摇摆，优雅又迷人。那舞姿那身影引得多少英俊青年如痴如醉，驻足痴望，那真是"窈窕淑女君子好逑。"

　　我跟着萤火虫继续游历，那淡淡幽幽的光芒，醒目而不刺眼，是在表达对我的友好吗？于是萤火虫成了我的夜行导游，我看见一只蜻蜓在一片有着露珠的嫩叶下飞舞，是月光与露水勾兑出的琼浆玉露使你迫不及待的饮上一杯吗？后来我来到它们的集市上，那里在夜晚也毫不逊色，唯一的装饰就是花儿。淡蓝，墨绿，莹紫，粉红，鹅黄，鲜红，数不清的鲜花让这里格外多姿多彩。而月光洒下的一条银绸缎成了街市的小路，让人看上去就心旷神怡。蝴蝶来到一个商铺前，看上了一朵蓝色的花，飞到花上采了些花粉就心满意足地走了。一只小黑甲虫和一只金色的小虫，挑了一些红果子不停地吮吸着果子。红嫩的果实让它们大快朵颐，新鲜的汁液让它们刚才的口渴飞到了九霄云外。不过它们是怎么交换物品的呢？原来每个老板的需要都不一样的呢。蝴蝶老板要新鲜的花粉，甲虫老板要多汁的果子，屎壳郎老板要圆滚滚的粪球，可是为什么它的生意如此冷清呢？这时那些早晨去劳作的小虫回来了。螳螂因为是快刀手，捕回了许多小猎物，小甲虫找到了许多果子，而屎壳郎则滚回了许多粪球。瞧瞧它们的家人出来迎接它们了，它们用眼神交流，用触角拥抱。

　　一只蚕用月光送来的银丝编织着银色的轻纱，而如今已是月上柳梢头了，我伴着清风结束了这次游历。但我真想以天为帐，以地为床，枕着虫鸣在这草丛的村庄甜甜入梦。

冬 阳 下

林 倩

清寒的早晨，东方露出了一轮晕黄的冬阳，金色的光辉洒满大地。明媚的阳光斜斜地射进小院，院子里顿时有了生机，暖意在渐渐漫延。簇新的三层小楼房沐浴在金光中，熠熠生辉；围墙边的花坛里，略显枯黄的花草，在阳光的映照下，无丝毫憔悴与疲倦，暗藏着一股春意……

老人静静地坐在院子里，灰白的头发梳得一丝不乱，在冬阳的照耀下，闪着金黄的光芒。她眯缝着眼睛，皱纹密布的脸上，微笑显得清朗而祥和。她轻轻摇晃着身子，低低哼着莆仙戏曲，惬意无比。

"老嫂子，晒太阳呢！"老人闻声望去，院门口立着个白色的身影。老人脸上绽出菊花般的笑容，冲着那身影直招手。白色身影随之靠近，原来是邻居张婶。七十岁的她今天穿了件对襟白褂，扎着黄腰带，格外精神。"干吗去了？"老人问。张婶随手抄起一把矮凳，坐到老人身边，将肩上背着的长剑卸下，在老人眼前晃了晃："去公园练太极剑，刚回来。""哦，你这腿不痛了？""前一阵子做了换关节手术，恢复得还不错。"张婶抚摸着自己的左膝盖，露出了欣慰的笑容。"是啊，听说你这腿动大手术了，得花不少钱吧？""医保报了百分之七十多呢，自己也就花了一万多。有了医保这护身符，我们生活就有保障了，有个病痛什么的也不用给孩子增加负担。呵呵……"张婶说着就是一阵爽朗的大笑。

李大爷迈着矫健的步伐走进院子，大老远就亮出他那洪亮的大嗓门："大婶，大兄弟在家吗？我找他下盘棋。""还不是在屋里摆弄他的电脑，一大把年纪了，还跟年轻人一样赶时髦。"老人佯怒道。李大伯笑呵呵地踱出来："妈，咱们现在又不缺钱，买个电脑算啥！"他亲热地拍着李大爷的肩膀，笑道："我用政府这次补发的退休金买的，用处大着呢，可以听歌、看电影、看新闻、下围棋……多动脑，不得老年痴呆症。很多功能我还没跟孙女学呢，现在我可是爷爷听孙女的，哈哈……"两人说说笑笑地摆出棋盘。

陆续有老人禁不住冬阳暖暖的诱惑，慢慢地踱出家门，三三两两坐在一起，有的边喝茶边谈笑，有的聚精会神地下着棋，有的边闭着眼睛享受着阳光浴，边唠家常……

059

群"迷"荟萃

陈佳仪

我仔细打量着我家的成员，呀！一家五口人似乎都与"迷"沾边！真是疯狂而又快乐的一家！

"车迷"爸爸

"快看！快看！奥迪车出新款啦！"爸爸指着电脑屏幕兴奋地说着。关于车的信息，爸爸能倒背如流，如果让他参加汽车知识大赛，准能拿冠军。瞧，他又屏气凝神、目不转睛地看"汽车之家"网站了。唉，他又陷进车的世界了。半小时过去了，一小时过去了……都到吃饭的时间了，他依然坐在电脑前盯着他心中的宝贝车。"陈某某，吃饭啦！"传来了妈妈河东狮吼般的咆哮，乍看以为这是一位很不温柔的妈妈，但知情人都知道，没有这样是很难把沉迷的爸爸唤醒的。尽管这样，爸爸依然丝毫没有要吃饭的意思，这下把妈妈惹怒了，她关掉电脑主机。屏幕黑了，爸爸这才被拉回现实世界。

"牌迷"爷爷

"同花！一对！老千！顺子！"爷爷在棋牌室里激烈地打着牌。我的爷爷是打牌的老手，有多年丰富的经验。他不怎么跟菜鸟一起打，菜鸟在他的手下会输得落花流水，他专找资深的牌友一起玩，但这常常又轮到他自己输得落花流水了。这不，惨败了，他无精打采，愁眉苦脸，成天茶不思饭不想。他自怨自艾，自言自语，没有一点儿坚强斗士的范儿。不知道他在说什么，或许是在痛苦中分析失败的原因吧……

"牛奶迷"妹妹

"吱呀——"我推开门，便发现闷闷不乐的妹妹双手抱胸，嘟着嘴蹲在地上，嘟起的小嘴都可以挂起一只水壶了。我俯下身子问："尿裤子啦？哭什么？""我要……喝牛奶……"5岁的妹妹声泪俱下，甚是可怜！没办法，我只好给她一小杯了，谁让她是牛奶大王呢！就让我来说说她的吉尼斯纪录吧！曾经，妈妈买了牛奶要探望病人，牛奶刚落家门，转眼间，牛奶不见了！请让我从上帝的视角描述下这次的行动吧：一个胖嘟嘟的小女孩，手忙脚乱地拿起一瓶五百五十毫升的牛奶，利索地左右旋转瓶盖，然后凑上小嘴，"咕咚咕咚"，没十分钟，一瓶牛奶见底了，然后重复动作，开启，又一瓶牛奶见底了。小女孩打了个饱嗝，长长地叹息一声……上帝闭上眼睛，好可怕的胃容量！

我家还有购物到该剁手的"购物迷"妈妈，还有"嗜书如命"的"一代书虫"陈佳仪。总之，我家"迷"雾丛丛，群"迷"荟萃，迷在其中，乐在其中。怎么样？你们不喜欢我家人吗？

061

第一次抱妹妹

胡锐洲

清晨六点，妈妈的肚子突如其来剧烈疼痛了起来。旁边的爸爸知道后，一直轻声地问妈妈要不要去医院，生怕惊动了我。可我还是被吵醒了，迷迷糊糊地起床去了卫生间。这时，妈妈跟爸爸说要去医院，爸爸立刻收拾东西。那一瞬间，我闪电般地清醒过来，万分激动地说："我也要去！"

到了医院门口，爸爸小心翼翼地扶着妈妈，而"大力士"——我，提着似乎有千斤重的行李，像个小跟屁虫，紧跟着大人来到产科检查室。医生时而给妈妈做一箩筐的检查，时而像一位女神守护在妈妈的身旁，跟妈妈说说笑笑的，抚慰妈妈的情绪。

过了许久，妈妈的肚子实在痛得受不了了，有时在床上像小毛驴似的拼命打滚，有时像着了魔，发神经似地挣扎着。大家都在不停地安慰着，给妈妈按摩，让妈妈消停一会儿。等到妈妈第三次大痛时，医生才匆匆忙忙地赶过来，把妈妈抬上推车，推进产房。

我一直在产房外耐心地等着。有时我紧张极了，到处走来走去的，胡思乱想着，有时却是激动极了，像松鼠一样地蹦蹦跳跳，像青蛙一样一蹦老高，而且满脑子都装着"妹妹"这个词。

一个医生进了产房，我听见了"太子"这个词。我大发雷霆，气愤地说："如果是弟弟，我要抱去换妹妹！"不一会儿，从产房里传出一阵婴儿的哭泣声，我再次期待起来。这时，有一个医生出来了，手上抱着婴儿。我奔过去问医生："啥性别？""女的。""什么？太好了！"我欣喜若狂，激动得一蹦三尺高，连忙接过妹妹。我抱着妹妹，有时用手小心翼翼地抚摸着她，有时像鸟儿一样，轻盈地飞起来。反正，我把从书上看到的成千上万种抱婴儿的方法都应用到妹妹身上，我要把我的万千宠爱都给她。

第一次抱妹妹的感觉真的是很激动，很幸福，很快乐！

我有一位"修辞"妈妈

李 季

写作文时，老师经常要求我们使用一些修辞手法，可是我绞尽脑汁也不会用。令我想不到的是，我那辞了职专职陪我读书的妈妈却无师自通，成了一个"修辞"妈妈。

比喻——当我刚学会包饺子时，妈妈总喜欢把我比喻成"笨熊"；当我和妈妈去公园散步时，她总喜欢把我比喻成"蜗牛"；当妈妈叫我起床时，她总喜欢把我比喻成"死猪"；每当我要给妈妈捶捶背时，她总喜欢把我比喻成"马屁精"……我就想说，对于这样的老妈我无能为力。

设问——妈妈问问题，总是还没等我回答就自己先说出答案，接着总是说："你知道吗？这个要这样。你知道吗？这个比较好。你知道吗……"我就想说，老妈，你到底是问我还是问你自己呢？

反复——妈妈跟我说话时，她总像一台复读机一样，不停地重复。我一写作业她就在一旁叫："快点儿！快点儿！认真！认真！"我每次吃饭，她总是不停地问："吃饱了吗，吃饱了吗？"我就想说，老妈，我已经长大了，能不能不要太啰嗦了。

对比——每次一发试卷，她总是列举一大堆：谁考多少，谁谁谁考多少，全班考八十多分的多少人，九十多分的多少人等等。而且老拿我和我们班的班长比。她还因为我经常考第二名，就说我是千年老二，弄得我现在见到班长就发怵，看到"2"就伤心。我就想说，老妈，你怎么不生出一个班长出来啊？唉！

夸张——妈妈说的每一句话都好像自带"放大镜"。早上起床后，我去卫生间上厕所，加上刷牙、洗脸，总要花些时间。妈妈总是在外面大声嚷嚷："快点啊，上学来不及了，去个卫生间要磨蹭三小时。"其实，那是总共不到十分钟的事。我就想说，老妈，你要不要说得那么夸张？

有一天，我做了梦，梦见老妈把修辞的本事全教给了我，让我的作文被老师当作范文拿出来读，还登上了校刊。当我在梦中因为这事正要笑出来时，耳边传来妈妈的声音："李季，起床了，太阳都晒屁股了。"我睁眼一看，妈呀，月亮还皎洁地挂在天上呢，这怎么又来夸张了呢？

064

"三字经"

郑心怡

"郑心怡，起床了！快上学！迟到了……"妈妈的"三字经"从她睁开眼皮开始，一天到晚就不停地重复着……

就说那一次，我的作业做得太晚，第二天起不来。我睡得正沉，一阵高分贝"喇叭"突然死命地钻入我的耳孔："心怡啊——起床了！快上学，迟到了！快刷洗，不是说，做值日，扫公共区……"原来是妈妈走进我的房间。

我猛地一惊，"嗖"的一声爬了起来。可是一看到妈妈那得逞的坏笑，我瞬间就明白妈妈骗了我。我身子一软又躺在床上，闭着眼睛用蚊子叫的音量哼哼："好吧！马上起来。你先帮弟弟洗吧。"妈妈匆忙地边往外走，边说："那好吧！五分钟！""好——好——去吧！"

迷迷糊糊中，天知道五分钟是怎么溜走的。"郑心怡，快起来，去刷牙，五分钟……十五分了，快迟到……"这下别想赖床了。我懒洋洋地穿好衣服，艰难万分地迈开双腿走出门，摇摇晃晃地像个醉汉……我总算在七点三十分准时到了学校。

还记得有一次我生了病，躺在床上一动也不能动。"三字经"又铺天卷地来了：

"多穿衣，少感冒，穿的薄，充好汉。看看吧，生病了，多难受！又要花，好几百……"我啊，只得一个劲儿地傻笑，再傻笑。

其实，我懂得这"三字经"里全都是妈妈的爱。虽然唠唠叨叨的又吵又烦，不过我可是越来越离不开噢！

饭桌上最忙碌的人

卢逸扬

饭桌上，我们可能不会太注意：总有一个人最忙碌……

那天，当大家都坐在饭桌前等待吃饭时，她正来来回回地将热气腾腾的饭菜端上桌。等一切就绪后，她才会入座。而此时，表妹正绘声绘色地讲述着学校里发生的事：谁获得了小红花了，谁又被老师批评了，谁又迟到了……我不经意间看了她一眼，她正微笑地聆听着，头发垂下来，夹着少许的白发，眼睛微微眯起，眼神里满满都是爱怜。她就是我的妈妈。

讲着讲着，表妹突然说："姑姑，我的米饭吃完了。"妈妈小跑进了厨房，其实从餐桌到厨房才不到两米的距离。过了几秒钟，妈妈把锅和勺都拿了过来，舀了一勺给表妹。表妹吵嚷着还不够，妈妈只好又给她舀了半勺，表妹这才闭上嘴巴，在那大吃特吃。

趁表妹安静的时候，爸爸尝了一口汤，对妈妈说道："汤好像有点淡。""是吗？"妈妈一边说一边舀了一口尝了一下，"是淡了一点。"说完，便直奔厨房而去，把盐巴拿到了爸爸的面前。爸爸一边加盐，一边轻声说："累了吧！赶紧吃饭吧！"

看着忙碌的妈妈，我一不小心将筷子掉在地上。如果在往常，我肯定会对妈妈说："妈，我的筷子掉了，顺便帮我拿一双筷子。"可今天，我却不忍这样对妈妈说。

在餐桌前的每个忙碌的动作，都是妈妈对我们深深的爱啊！

我当了一回妈妈

郭卓玲

今天早上，我到卫生间里拿护肤霜时，习惯地往镜子里头一看——不看不知道，一看吓一跳：我变成了妈妈！

难道，我得做饭、洗衣服、上班、教书……天哪，都七点了，我还……我连忙用最快的速度草草刷了牙，迷迷瞪瞪冲到水龙头边开了半盆水，刚要抹脸，我猛地想起妈妈是用洗面奶洗脸的。于是去翻找那些味儿难辨的瓶瓶罐罐，等自己梳好马尾辫，然后拧开洗面奶盖子，无奈地摇摇头一阵猛洗……

哈！完成！到了最艰难的时刻——画眉毛。"中华民族到了最危险的时候！每个人……"我艰难地拔开盖，对着镜子一笔一画慢慢描起来。呀！歪啦！怎么擦？用纸？虾米？口红呢？盖子呢？就这样画？完了？呀……我手忙脚乱。涂妈妈的唇膏，画好眉毛！再看时间：天，怪不得妈妈那么早醒！七点四十分！迟到啦——

梳洗完毕！我一照小镜子，不得了！好一只大花猫！好一个鸡窝头！我冲下楼冲进早餐店，狼吞虎咽起来。不知道的，还以为我是流浪汉、可怜的饿死鬼呢！糟糕！背包呢？哦上天，开开眼儿吧！我又得上楼拿手提袋——教室不会放了鸭子吧……

我骑上电动车，心扑通通像小兔子跳，一转把手，"呜——"电动车"嗖"地射出去。呀！完啦！我捂住眼……我和车都来了个"倒栽葱"，散架了……折腾了一番，我跌跌撞撞走进教室，里面还真有"鸭子"。惨了，我该怎么对这群"鸭子"说呢？

哇！我终于体会到妈妈的辛苦了！更何况还得扫地，洗衣服……快把我变回去吧！最终，还是妈妈的"起床号"把我从梦境拯救出来。还好，还好！

因为爱，所以记着

陈　铭

　　妈妈有个特别的习惯，在春夏更替时会把一家人的衣服分门别类地整理好。快到五月份了，她照例又收拾一遍厚薄衣物。

　　"你看，陈铭，这儿有好多手帕！"妈妈展开一方手帕说道。手帕？我的心底竟泛出一丝交织着陌生的温馨。我放下书，走到妈妈身旁。她正在仔细地折着每一条手帕："你看，这块白色的，是你两三岁买的……还有这块粉色的是你上小学买的……"妈妈自言自语地说着，完完全全陶醉在幸福的回忆中。我没有吱声，只是静静地听着。我不知道怎样和妈妈搭话——因为我什么也不记得了。为什么母亲如此细心地收藏着过往，而且如数家珍般道出我儿时的点滴？她不是常常抱怨记性很差了吗？

　　我承认，我已经彻底地将手帕的故事抛在记忆的角落里了。现如今，有谁还会记得手帕这件东西？取而代之的难道不是各种各样的纸巾？它们薄如纱，白若雪，香似花。一流汗时，随手取出一张，轻轻一擦，不仅触感很好，还有一阵沁人心脾的香气，用完后不用麻烦拿去洗，随手一扔，多方便啊！而妈妈呢，她像是岁月的收藏者，永远走在我们的身后，悄无声息地拾起我遗漏的心情和初始的纯真……

　　我感到眼中有些潮湿，低着头，轻声问："妈妈，你还怎么还记得这么多？"妈妈沉默了一下，才像是在自言自语地回答说："怎么会不记得呢？你是我的宝贝呀！"我禁不住潸然泪下，喃喃道："是啊，怎么会不记得呢？"

——因为爱，所以记着！难道不是吗？

难忘的体操比赛

伊玲霞

"一二一，一二一……"走进校园，你就可以听到响亮的口号声在校园上空回荡。这是为啥呢？原来，我们学校要在元旦前夕举行体操比赛。全校师生都在努力训练，为广播体操而备战！

我们班也不例外，班主任非常重视，每一节体育课都亲自跟班，有时还把她的课也腾出来，让我们学做体操、四面转法及进场训练等。

比赛的时间一天一天逼近，盼望已久的体操比赛终于到来了。星期五下午，我们带着凳子，早早地到操场上等候。我们班第一个上场，因此，我们迅速地排好队伍到候场区等待。时间艰涩地流动着，像沙漏坠入我忐忑不安的心房。我悄悄地瞟了一眼其他同学，个个精神抖擞。我又想起体育课上林老师对我们的鼓励：你们真棒！一次比一次有进步……于是，我也挺直身子，不再紧张。

广播里传来了主持人的声音：请六年5班入场。话音刚落，"一二一，一二一……"伴随着响亮的口号声，我们班同学迈着整齐、坚定的步伐走进比赛场地，一个个像训练有素的小战士。整队、报数、四面转法，一切都是那么的顺利。

"第三套全国小学生广播体操七彩阳光现在开始……"瞧！同学们一个个昂首挺胸，神情认真而又严肃。跟着口令，按照体育老师的要求，大家一招一式地比画着，扩胸、伸展、踢腿，做起来有板有眼、像模像样。我也不敢有丝毫怠慢，生怕自己做错了动作，给班集体抹黑，一节……五节……八节……终于，我们完成了所有的动作，谢天谢地，好像没有出任何差错，我稍稍松了一口气。

做完了体操，我们在领操员的带领下，向主席台敬礼，然后踏着整齐划一的步伐退场了。操场上响起了雷鸣般的掌声，我悬着的心终于放了下来，同学们也长长地舒了一口气。接下来，是其他班级上场比赛……

比赛将近尾声，大家议论纷纷。有的说我们5班服装整齐、鞋子统一、连体操也做得很有精气神，肯定能得第一；也有的说那可不一定！1班的也不逊色，特别是女生头发上都扎着统一的蝴蝶结，比5班略胜一筹；还有的说3班的动作也很不错啊……

比赛结束了，我们回到教室，组委会紧张地统计着分数。得知我们获得了第二名的好成绩时，同学们欢呼雀跃起来。这一刻，教室成了欢乐的海洋，同学们沉浸在无比的幸福中……

体操比赛

陈一媚

又是一个充满朝气的日子，艳阳高悬在空中。密集的人群，绰绰的人影，五年级全体师生齐聚操场，带着满心的激动与期盼，带着满脸的愉快和享受，正迎来一场体操比赛。

比赛场地设在操场正中央。五张课桌面对着主席台摆放，那是评委的位置。评委席的前面是表演席，后面是观众席。

下午两点，比赛正式拉开了帷幕。首先上场的是五年5班，他们穿着统一的校服，佩戴着鲜艳的红领巾，显得英姿飒爽。在领操员的口令下，他们像一群训练有素的士兵，雄赳赳气昂昂地上场了。随着广播响起，他们开始做操了！你看，他们做得多么整齐啊！伸手、踢腿、弯腰、屈膝……每一个动作都是那么到位。顿时，我的高兴劲烟消云散了，取代的是一股紧张劲。五年5班表演结束，台下响起了一片热烈的掌声。我越发不安了："我们班能得第一名吗？这是一场令人担忧的体操比赛。"

终于轮到我们班了。我们听着班长铿锵有力的口令，整齐有序地进场了。相信每一个同学都和我一样紧张：有的满脸通红，有的瑟瑟发抖，有的故作镇定……广播响起，我们都振奋了起来，按照平时的训练要求认真完成着每一个动作。同学们的动作整齐划一，既没有快一拍，也没有慢一拍，和音乐节奏完全吻合。音乐声停，热烈而持久的掌声像雨点般落在我们身上。我们如释重负，个个脸上笑逐颜开。"相信我们班一定能得第一！这是一场令人欢快的体操比赛。"

第二天，体操比赛的结果出来了。我们的成绩并不理想。我心头一震，难道我们这几周的努力白费了？哦，不！这样的比赛不仅锻炼了我们的身体，还考验了我们班级的凝聚力呢！

有趣的大课间活动

谢灵心

072

"编，编，编花篮，花篮里面有小孩……"一首首轻快、动听的歌儿飘荡在鲤南中心小学的上空。原来是最受同学们欢迎的大课间活动又如火如荼地进行了。

你瞧，操场上人头攒动，同学们三个一伙，五个一群，玩着各种游戏：跳皮筋、老鹰捉小鸡、编花篮、跳绳、滚铁环等等。敏捷的身影轻巧地跳跃着，鲜艳红领巾在胸前上下翻飞着，映衬着灿烂的笑容，交织成一幅生机勃勃的画卷。

"加油！加油……"操场一角助威声此起彼伏，原来是我们班的几个同学在比赛踢毽子。这会儿是晴晴上场，只见她拿起毽子向上一扔，毽子像一位跳水运动员一样在空中翻了个优美的跟斗，又像降落伞一样旋转下降……糟了，要掉地上了！正当大家为之捏把汗时，晴晴像神奇的魔术师一样，抬起右脚，轻轻一勾，毽子就像被磁铁吸住了，乖乖地降落在她的脚上。那毽子一会儿上下飞舞，像一朵花瓣纤细的秋菊，一会儿又好像一只长着长尾巴的小松鼠在跳跃，只把大家看得眼花缭乱。

快来快来，捕鱼游戏开始啦！一条条行动敏捷的"鱼儿"在网下自如地穿梭着，好似一条流动的长龙游戏在人间。冷不丁，一张"渔网"落下来了，说时迟，那时快，行动敏捷的"鱼儿"飞快地游走了，两只反应比较迟钝的"小鱼"被渔网兜住了！

操场东边那些同学玩得不亦乐乎，过去看看！"快把脚放进去呀，快点呀！"敏渝正有序地组织大家玩"编花篮"的游戏。"编，编，编花篮，花篮里面有小孩，小孩的名字……不许露出小白牙。"话音刚落，所有的同学仿佛瞬间石化了一样，一动不动地站在原地。不知是谁忍不住"扑哧"一声笑出声来，大伙儿便嘻嘻哈哈地笑成一团了……

大课间活动像是一串动人的音符，点缀了我们的校园生活，为我们的童年涂抹了一层绚丽的色彩！我爱大课间活动！

第一桶金

陈　诺

学校准备举行一次"跳蚤市场"活动。听到了这个消息，全班都欣喜欲狂，我也不例外，满脑子都是这件事，盼啊盼……

终于，这一天到了。操场上挤满了人，跟清晨的菜市场没什么两样，叫卖声此起彼伏。

摆好摊位后，我们几个帅哥声嘶力竭地喊："走过路过，不要错过啊！水杯五块钱一个了，只剩三个啦，数量不多，先买先得呀……""这里有超好看的书籍大甩卖，一本只卖五块钱啦！""买就可以抽奖，中奖率百分百！不中不要钱啦！"……

一大堆人闻讯而来。我们带来的商品很多，摆满了一桌子，每个商品上都标明了价格。老师刚下令可以开卖，我周围就围满了人。他们七嘴八舌地问："这个多少钱？""这个我喜欢，能不能便宜点？""这个我买了！多少钱？"……我们忙得不可开交，一会儿收钱，一会儿找零，一会儿装商品，一会儿讨价还价，累得我们满头大汗。

不一会儿，摊位上只剩下些小手链和钥匙链什么的，都是女生喜欢的！对，我得找些女生来捧场。于是，我到隔壁摊位招呼几位女同学过来，对她们做了不少广告……果然，从众心理起了作用，另一群女生也跟着围了过来……嘿！又要忙了！面对我的"第一桶金"，

我狡黠一笑：哼哼！赚钱那么容易！看来，我当企业家的事指日可待呀！说不定我还能成为第二个马云呢！

顾客渐渐稀少后，我看我们组的帅哥照应得过来，就寻摸着出去转一圈，寻找新的商机。转了一圈后，我对几个比较冷清的摊位有了大致的了解。那些同学腼腆，不敢吆喝，一堆好货捂在手里卖不出去。这些货价格不高，讨讨价还能更优惠。我灵机一动：我们可以"低价买，高价卖"，虽然有点那个……但是，这不就是做生意吗？不然，怎么持续发展呢？于是，我们这几只"狡猾的狐狸"，通过这种手段又"大赚一笔"。

将近放学了，人群逐渐散去，"菜市场"的叫卖声也没有了，我们这才"收摊走人"……

这次活动令我受益匪浅——我不但赚到了人生的"第一桶金"，

而且明白了一个道理：只有靠自己的双手劳作，收获的果实才是最甜美的！

校园生活 dou mi sou

郑溢恺

清晨，小鸟们迎着太阳公公放声歌唱，露珠在草丛中眨着晶莹的眼睛，听得入了迷。我们沐浴在阳光下，就像一个个快乐的音符，蹦蹦跳跳地走进校园的大门，融入校园生活那开心的协奏曲中。

音符 dou：学习天堂——教室

走进校园，我和同学们友好地打着招呼，不知不觉就来到教室里，我拿出语文课本，开始加入早读的行列。不久，上课了，同学们立刻坐端正，以饱满的精神迎接老师的到来。老师满面笑容地走进教室。语文老师声情并茂，课讲得可精彩了，大家听得津津有味。同学们开始读课文了——外面安静极了，树枝不摇了，鸟儿不叫了，蝴蝶停在花朵上，它们都陶醉在同学们那琅琅的读书声中。有的班级在上数学课，数学老师正耐心地给同学们讲解习题，她深入浅出，同学们很快就掌握了各个知识点。还有的班级在上音乐课，音乐老师带领同学们尽情歌唱……同学们徜徉在知识的海洋中，像海绵一样，如饥似渴地吸收着知识的甘泉。

音符 mi：运动乐园——操场

忙碌而快乐的一节课一转眼就过去了，早操铃响了，大家排着队，来到了操场。安静的操场一下子热闹起来。同学们在灿烂的阳光下尽情运动着，显得那样生机勃勃。早操过后，就是"人见人爱，花见花开"的大课间活动。同学们个个精神抖擞，有的在玩老鹰捉小鸡，有的在赛跑，有的在玩翻手绳……大家玩得热火朝天的。我和几个好朋友一起玩跳绳，我们花样百出，一会儿单人跳，一会儿双人跳，一会儿接龙跳，玩得不亦乐乎，个个脸上笑开了花。

音符 sou：兴趣小组——综合楼

每天最后一节课，我都急着往综合楼赶。原来，我们学校综合楼设有丰富多彩的兴趣小组活动室：舞蹈室、音乐室、书法室、乒乓球基地……呵呵，我和小伙伴们已经在乒乓球基地打了两三年的球了，我已经深深地爱上了这小小的国球了。教练对我们又和蔼又严格，在他的调教下，我的球技突飞猛进，现在乒乓球业余高手老爸已经不是我的对手了。

这些优美的音符，谱成了我们校园生活那快乐的协奏曲，我们在它的伴奏下健康成长。

"小红帽"在行动

林欣雨

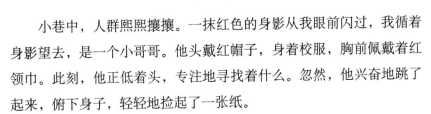

小巷中，人群熙熙攘攘。一抹红色的身影从我眼前闪过，我循着身影望去，是一个小哥哥。他头戴红帽子，身着校服，胸前佩戴着红领巾。此刻，他正低着头，专注地寻找着什么。忽然，他兴奋地跳了起来，俯下身子，轻轻地捡起了一张纸。

公园里，桃红柳绿，小径旁的绿化带中，灌木丛修剪整齐，各色的花儿如火地释放着热情。头戴红帽子的女生，正努力地伸长手臂，去夹那掉在灌木丛中的塑料袋。她满头大汗，紧咬下唇，大有夹不出袋子誓不罢休的架势。

这是我们学校"小红帽"环保志愿者在行动。假日里，他们来到马路边、兰溪畔、草地上、公园里。一路走来，他们无暇欣赏怡人的风景，却在低头仔细地寻找垃圾！无论是在过道上，还是水沟里，无论是在草丛里，还是在溪水中，无论是一张纸，还是一个塑料袋，他们只要看见，就会弯下腰，把垃圾捡起来，丢进垃圾桶。

是的，一张纸，一张微不足道的纸，它也许是孩子随意丢弃的，也许是路人无意掉落的，也许是清洁工忽略了的。不管它们是怎么来的，小红帽志愿者都会捡起来，丢进垃圾桶。在他们弯腰捡起垃圾的那一刹那，我明白了，实现中国梦要从小事做起，从一点一滴做起。

清风里的游历

一路走来，我见到了——楼梯口，提着垃圾袋的老爷爷弯腰捡起了一个烟头；店门前，打扮时髦的美少女，把被风吹来的小纸片送进了垃圾箱；公园里，那个两三岁的小宝宝，刚刚蹒跚学步，就吃力地踮着脚尖，把零食袋扔进了垃圾桶，然后"咯咯咯"地笑了。那笑声，笑得我心里暖暖的……

迈进校园，我随手捡起操场上孤零零的一张纸，走向垃圾箱……

课堂窃读记

欧镒鹏

今天，我新买了一本书。一打开书，我就被书的内容吸引住了，因为每一页都太精彩了。看着书，我仿佛在美妙的世界中遨游。可是，时间犹如流水一样，很快就要上学了。我只好收起书本，像对待宝贝一样放进书包。书虽在书包中，我的脑子里却全是书中的情节。

到了学校，我迫不及待地拿出那本书看了起来。怕什么来什么，正当我看得津津有味时，上课铃不知趣地响了起来。

"真讨厌！这破电铃该狠狠地砸掉！"我无奈地放下书，嘟囔了一下。语文老师进来了，开始上课了。

书的诱惑实在太大，我忍不住翻开了抽屉里的书。翻了几页，老是担心被老师发现，看得很不自在。我觉得这不是办法，于是，我把语文书竖起来，希望能成为我窃读的挡箭牌。

"有些同学不认真听课，请坐好。"我一惊，抬起了头，目光不自然地投向讲台。"老师没看我。"我暗自庆幸。

过了几分钟，我又开始了我的看书之旅，不过，这次我用不同的方式来掩饰我的不务正业。我有时假装笔掉了，低下头找笔时，瞄了一会儿；有时趁语文老师转身板书时，又看了一会儿；有时在老师让我们朗读时，装模作样地读起来，其实只是嘴巴张开，眼睛还在那本书上……

教室里突然安静下来了，我猛然一抬头，却发现老师的目光像红外线一样，投向我了。不妙，我迅速关上书，悄悄放进抽屉里，再用别的书盖上，不让老师发现。坐好，心里紧张得不知用什么词来形容。可老师还是向我这边走来了，一步、两步……我感觉教室里只有脚步声和我的心跳声。

老师在我前两桌停住了，用手敲了敲那个同学的桌子，那个同学马上把双手放到桌上，端端正正地坐好了。

又是虚惊一场！我的运气真好。

……

一双大手搭在我的肩上，我的身体像触电似的，转过头，我看见语文老师正笑着看着我，同学们的目光也齐刷刷地聚焦在我身上。瞬间，我尴尬至极。语文老师和蔼地说："爱看书是好事，但我们应该利用课余时间来看课外书，是吗？"我鼻子一酸，有种想哭的感觉。

选 角 儿

林航宇

元旦的脚步离我们越来越近了，我也未雨绸缪，找来了我的挚友们，准备演一场能逗笑全场的话剧《凤仪亭》。

一大早，我们开始分配角色。谢鸿晖，有很强的随机应变的能力，能很好地把握住时局动态，他当王允我放心。范海铭，人高马大，习过武，演吕布，他是最好的人选。郑至洵，老实忠厚，头脑灵活，李儒这个角色非他莫属。我呢，也算是班里资深的老演员啦，便荣当董卓一角。嘿嘿，我这个导演眼光不赖吧。

我高兴得太早了，因为本剧中的重要角色貂蝉不知要选谁来演。唉，"班里何处无芳草，唯独貂蝉最难找。"身为导演的我，无论如何不能让挚友们失望啊。几经思虑，我想到了女生A。她不但外貌漂亮，打扮得花枝招展的，而且声音甜美，宛若夜莺。当我说明来意后，她却摆摆手，果断拒绝了，还说："你们都是大老爷们，我只是一个女生，这我可不敢答应。"我刚想挽留，她却挥一挥衣袖，毅然决然地走了。我的心里不禁有些失落。转念一想，好事就要多磨嘛，我一定会找到合适的人选。我想到了女生B，她开朗外向，且喜欢参加各种活动，人长得也不错，找她，一定会答应的。于是，我振作精神，来到她的面前，礼貌地说明了来意。她一听，爽快地答应了，并露出了一抹灿烂的笑容。我顿时心花怒放，这迟来的成功让我像是吃了蜜一般，美滋滋的。

演员选好了，明天就要开始排练了，至于排练情况如何——且听下回分解。

印象《灌篮高手》

张凯敏

相信大家都看过一部"震惊世界"的动画片，这部动画片便是——灌篮高手！自我第一次看这部动画片时，我便爱上了它。

动画片讲述的是一只名为"湘北"的篮球队在新人与以前的高手的团结下，为了令湘北称霸全国而不懈努力，最终闯进了全国大赛，可胜利女神并没有眷顾他们，在他们打败了前年冠军之后却被其他球队打败了，最终离开了他们喜爱的球场……或许你会认为这是个悲剧，因为一个努力了那么久的球队竟战败了，但我并不这么认为，在最后一场比赛时，他们使出了全力，甚至还流了眼泪，甚至还受了重伤，他们为了获胜不惜一切，这是一种不懈努力的精神！

在动画片中，我看见了坚如磐石的赤木、天赋凛然的樱木、球技一流的流川、灵动似水的宫城、三分神准的三井，一支令人钦佩的球队！最后一场，当他们霸占全场，表情是多么自豪多么坚毅。这多么让人羡慕啊。的确，在现在看来，粗糙的画面，简单的剧情，在日新月异的动漫舞台中这部动画片或许早已站不住脚后跟，但他却在动画界中越发耀眼！如今日本动画片已越来越精彩，可这部动画片支持率却永远第二！不是因为别的，正是他们的精神令人感动，动画片《灌篮高手》中的每一个人，为梦想奋斗，为球队奋斗，为自己奋斗！是啊，许多动画片都有这样的精神，但《灌篮高手》却不是靠着自己一个人，他靠着一个集体讲团结，讲努力，讲述着一切，这是一部成功的动画片！让我们一起追随着这个篮球队去寻找自己的梦吧，相信，一定能够学到许多……

082

夏天里，我种下了草莓

妈妈说，该给草莓换新家了。小鸟给我们带路，舅舅的农场欢迎我们。挖开潮湿的土壤，我们植下嫩绿的草莓。这个夏天，我种下了一个绿色的梦，一个绿色的希望，一支绿色的歌。

一节惊心动魄的语文课

温灵灵

上课了，同学们都进了教室，坐在自己的位置上。

语文老师打开电脑，屏幕上出现了几个英文字母"POSE"。我心里一阵嘀咕：咦！"POSE"不就是造型吗？语文老师会让我们摆造型？老师的声音响起："今天我们来玩游戏——摆POSE。"话音刚落，老师便放电脑里的"POSE"图片给我们看，并让我们自己选一个动作练习练习，一会请同学上去表演。

同学们立刻沸腾起来。有的在讨论，有的在思考，还有的正试着摆出心里的动作。我很紧张，我不希望老师点我名，更不希望上去摆造型。这要是做不好，太丢脸了。我尽可能地往旁边躲，生怕老师看到我，叫我上去做。

几分钟过去了，老师开口了："想好要摆什么动作了吗？谁先上来试一下？"旁边已经有同学跃跃欲试，而我依然坐在位置上，不敢乱动。我特别紧张，我怕因为我是新来的学生，老师会叫我。紧握着已经湿掉的手心，我心里就像放着一块巨大的石头似的。

然而，老师并没有叫我，他叫了一位男同学。我紧张的心似乎平静了一些，可一想到老师还会叫人上去摆"POSE"，我就又不安起来。

那个同学在讲台旁摆出了一个奇怪的造型：把手放在脖子前，脚站得笔直。他的动作有点儿怪怪的，原来做错了。旁边同学见状立刻帮他改正。改来改去，还是不对。老师看了那位同学，笑起来，说："要不你来？"

那位同学上去了，做出来了，做得比前一位同学好。看看那两位同学，我更紧张，手抖得更厉害了。

游戏接近尾声，还剩一个名额，我越来越害怕。突然，有一位女生举起了手，老师看见了，立马叫她上去做。她完成了动作，虽然没有做得特别好，但我很佩服她的勇敢、自信。游戏结束，老师说："请同学们把刚才的游戏过程写下来，要注意动作描写和心理活动描写……"

终于，下课了，我七上八下的心也跟着着地了。

虽然这节课让我紧张不已，但也让我懂得了许多：其实，人没有自信，主要是因为不敢尝试，只要去尝试了，就会发现，很多事情并没有自己想象的那么难。

085

有趣的作文课

陈　升

在我来看，有关于学习的一切都是乏味的，就像雨水滴入大地，大地只是接受，并无趣味与难忘可言。可在这一节作文课上，我却真正地感受到了原来学习也可以这么好玩。

夏天里，我种下了草莓

早上，老师给我们看了四张图片。第一张图片是一个男人，摆出了一个即将起跑的姿势。他一只手往前倾斜，另一只手放在后面，两只脚也是一前一后。每一张图片都有各自的特点。我本以为，老师会让我们描写照片，可老师接下来的话却让我犯难了："现在，请同学们各选其中的一个姿势模仿，待会儿要表演。"虽然老师把这句话说得很轻，可我还是感受到了巨大的压力。

几分钟后，老师说："有哪位同学自愿上来？"顿时，教室里变安静了，可老师并没有说什么，只是静静地等着。渐渐地，这种安静变成了沉静。

首先打破沉静的是李刚。他很紧张，从那犹豫不决缓缓举起的手就能看出。刹那间，教室里响起了热烈的掌声。我既懊悔又敬佩，懊悔的是自己为什么没有鼓起勇气举手，敬佩的是他那过人的勇气。他上了讲台，一只手伸直，向四十五度角的教室上方伸去，另一只手臂弯曲，做出了姿势。虽然这个姿势并不标准，引来了同学们的哄堂大笑，可分明能感受到这笑其实不是嘲笑，里面包含了同学们的认可。

之后，老师又开始"威胁"同学们："如果没有其他的同学举手，就要指名了。"半晌过后，老师见其他同学再没举手，便开始指名。老师并不急着指名，而是看着同学们。当然，我们要做的事就是尽量避开老师的视线。我心中就像有十五个吊桶打水，七上八下。我的心中一直有两个念头：举手？还是被老师点名？说来也怪，老师连点几个人也不见点到我。我的心情就像上次坐海盗船一样，一会儿上，一会儿下，一会儿高兴，一会儿又特别紧张。最后，老师说了一句："好，现在游戏结束。大家把刚才的活动过程写成作文。要注意……"顿时，我就像放下了一块千斤巨石，一种解脱感弥漫全身。

这次的作文课，我感到的不仅仅是趣味，更多的是敢于挑战困难的勇气和敢于超越自己的力量。这次的作文课，我受益匪浅。

记一次汉字活动

郑哲楷

这天，语文老师举行了一次汉字活动，让我们猜字谜。

下午，班级里人声鼎沸，连班长也维持不了秩序。老师终于来了，班级立刻安静下来，连根针掉在地上都听得见。

"活动开始！"老师宣布。老师让两个人来提问题，同学们个个摩拳擦掌，跃跃欲试。"一口咬掉多半截。"湘怡奸笑地说，好像认为大家都猜不出来似的。"夕！"全班异口同声地喊了起来。"错！"湘怡得意扬扬地说，眉毛还向上挑了起来，好像早已预测到我们会说这个答案。"啊？"全班大跌眼镜。

咬掉"多的一半，"舍"夕"其谁？我也纳闷起来。突然，我灵光一闪，想：咬掉肯定是用"口"咬掉，咬掉不就没了吗？所以一定是"名"字。"名！"我大声说了出来。

"对！"

"耶！"我们组欢呼起来。

猜字谜结束了，到了歇后语环节。才第一题，湘怡就派出一名大将："瞎子进烟馆——？"全班开始冥思苦想起来：有的抓耳挠腮，像只猴子；有的拿着笔在纸上比画着；有的在喃喃自语……我的大脑也在飞速地运转着：瞎子进烟馆，重点肯定是瞎子，难道是一片黑？

可这种想法马上被我否定了——刚刚有人答过，被否定了。烟馆全是烟，看不见又被熏，有词吗……脑细胞都快要用完了也想不出答案。最后，老师公布答案：摩登（摸灯），许多人恍然大悟，可还是有人丈二和尚——摸不着头脑。

在一组一组的欢呼中，我们组和第一组进行决赛。"关公面前耍大刀——？"正当有人准备手托下巴进行长思考时，我不假思索地答了出来："自不量力！"心中还有些小激动。

"对！"

"耶！"我们组又欢呼起来。

而第一组，垂头丧气，一题之差，他们与第一名失之交臂。

这次汉字活动真有趣！

记一节有趣的汉字活动课

郑沐麟

上课了，我们期待已久的"汉字活动"就要开始了。我想象在猜字谜的时候，我是怎样答对那一个个令同学绞尽脑汁的字谜。

不一会儿，语文老师大步流星地走上台，大声宣布："现在，汉字活动正式开始。"同学们欢呼雀跃，而我也满怀信心，因为在活动前，我准备了大量的资料。

第一组的主持人上来了。她先为我们展示他们做的手抄报，不管这张手抄报有多美都吸引不了我，因为我心里只有猜字谜。手抄报看完后，他们又讲了两个关于汉字起源的故事，不过，这也没引起我多大的注意……

终于，我苦苦等待的猜字谜来了。林同学首先问道："一个人搬两个土，什么字？"一个人？不会是"亻"吧？我暗暗发笑，心想：这也太简单了吧！那两个土是什么意思呢？我看了一眼台上的主持人林佳。佳！一个人搬两个土不就是"佳"吗？这真是得来全不费工夫啊！我举了手，站起来，大声又自信地说："真相只有一个，它就是'佳'！对了，林佳，这题是因为你，我才知道的哦。"说完，我便哈哈大笑起来。全班恍然大悟，并与我一起哈哈大笑。

林佳咧开嘴，笑着说："老夫本以为此题便能难住你们这些黄毛小儿，无想却因为老夫之名而出漏洞，真是可惜啊！"我心里暗暗笑道：哈哈，就你还老夫？

突然，林佳耍了一个阴，她在我们的欢声笑语中问了一道题。全班刚才都沉浸在之前的笑点中，都没听清题目。旁边的老师无意间帮了一个大忙。她说："林佳刚才给出的谜面是'阎王爷'。"我沾沾自喜，因为这道题我在网上见过。我大声喊道："玫瑰的'瑰'字。"

"正确……"话音未落，教室里响起热烈的掌声。

"丁零零……"怎么这么快就下课了？

"同学们，有趣吗？"

"有趣！"

"下节课要不要继续？"

"继续！"

"继续！"

……

夏天里，我种下了草莓

校园 "龙卷风"

林诗晴

从二年级起我就留意到这股 "龙卷风" 的 "侵略" ——整个学校都沉浸在了各种玩具带来的快乐之中了。可每一种玩具刚流行不久，又一种新型玩具风靡全校。唉！我拿着手上已经落伍的玩具，总不知怎么办才好。天知道这股风从哪里刮来，要到什么时候才停呢？

090

奇幻 "魔仙棒"

二年级，我就被别人手中的一个个 "巴啦啦小魔仙" 中的模拟 "魔仙棒" 给吸引住了。似乎全校女生都变成了 "小魔仙"。而男生么，当然就是 "黑暗王国" 的恶势力了。那 "魔仙棒" 是一种电子玩具，按一下手柄上的按钮，一个镶在蝴蝶边框中的圆球便会唱起这部电视的主题曲，并慢慢旋转，射出夺目的七色光芒。哇哦，帅呆了！过了几天，我也拥有了一个 "魔仙棒"，边念变身咒语边挥舞魔仙棒，再做出相应动作，就如真的变身了一般，美！

急速"溜溜球"

魔仙棒刚流行不久，也就是我正玩得津津有味的时候，男生们便找到了足以让女生羡慕的游戏了：各种"溜溜球"开始悄悄向"魔仙棒"进攻了。很快，"魔仙棒"们支持不住，逐渐在流行的舞台上消退……于是，溜溜球成了主角！小卖部里挤满了人，他们纷纷抢购这种新玩意儿。校园里更是球影飞舞，声响摄魂！轮到我决定购买时，已被抢购一空了。我沮丧地走出去。嘿！算我运气好，竟在地上捡了个"冰魄"溜溜球。哈哈哈！

强力"弹跳蛙"

升三年级喽！可又一股"流行风"龙卷刮来。虽说它只是不起眼的一个个小圆片，可别小瞧了它们的能耐。这小圆片有一面向上鼓起，把它放在桌上把鼓起部分一按！它便凹下去，瞬间便会"啪"的一声脆响猛地向上弹起，仿佛跳跳蛙一般夺人眼球！加上圆片上面还有不同的精美图案，同学们都为集齐不同图案的圆片废寝忘食！三十六计"买"为上，我买！哈，我又开始摆弄新得到的小圆片了！

收作文了！我没时间啰唆了。不过，我介绍的估计你都记忆犹新吧！

我的不白之冤

张 悦

近日，我写出的一篇文章为全班之最。殊不知，竟让我名誉下降。

那天，老师宣布我的作文得全班第一时，我欣喜万分，恨不得将这个消息马上让爸爸妈妈知道，谁知道，却引来一阵阵怀疑和嫉妒的话语。老师见到这一场面也控制不住，只好让反派代表戴阳明发言，戴阳明说："我好像网上看到过这篇作文！"什么！我简直不敢相信自己的耳朵，一双双冷漠、邪意地眼睛转过来看着我，当时的我是有口难辩。

老师，请你相信我，那篇作文是我掏空了脑袋里所有优美的词句，将我自己最大的心血都投入其中的杰作，只恨自己不写得差一点儿，至少可以让全班相信我不是抄袭得来的第一，对于文章的可信度，我可以用我的人格来担保，百分之百的原创，没一字是抄袭的，如果网上有我作文片段的一两句相似，那也是巧合罢了。我这么低智商的都能想到，还有谁想不到，所以我肯定不是抄袭得来的。

最后，我要对全班的同学说："请你们相信我！"如有雷同，不幸荣胜。

71.5！ 71.5

刘　渊

一路上我十分担心害怕我的秘密会因为体检而曝了光。我的体重绝对是机密！绝不能让我颜面尽失。

到了！不可避免地到了！一进少年宫，我一直回避着那位称体重、量腰围的医生阿姨。唉！躲得过初一躲不过十五，该来的终究还是会来的。其他的项目我都已经体检过了，现在只剩下体重还迟迟未测。周围的几个同学过来问我还有那些项目没测。我一不小心说漏了嘴，暗暗祈祷他们只是当作耳边风，没想到他们迅速对我的体重感兴趣了。

一传十，十传百，这个消息风一样传开了……三五成群的同学环绕在我的身边："快点去称啊！""你到底多少千克？""你觉得自己重了还是轻了？"……这些"善意"的劝说与"排山倒海"的问题在我的耳边盘旋，在我的脑海里旋转——脑子都快要爆了。为了不让自己再受折磨，我借口上厕所摆脱众人，躲在不远的拐角探听虚实。

过了一会儿，那称体重的地方已经空荡荡的了。我信心大增，鼓起勇气直奔那位医生阿姨。仅仅几秒钟，就有几个同学像狂牛朝我这边冲来。完了，我服了这些"神通广大"的同学了！现在的我全身紧张，想走也走不了。没办法了，我索性硬着头皮一直跑到了那位阿姨

夏天里，我种下了草莓

的面前，毫不犹豫地站在称台上，准备来一个"速战速决"。当他们赶到的时候，我已经称完体重了。我迅速收起体检单，任凭同学们怎么追问，始终守口如瓶。就这样我的体检任务圆满完成了。

那体检单上的数字简直是一枚重磅炸弹在我心头开了花——我七十一点五千克！也就是一百四十三斤！天哪，这真是一个强悍得让我难以接受的数字啊！我才六年级啊！看来不好好减肥是不行了……

都是鼻子惹的祸

凌 林

"都是这个鼻子惹的祸，否则……"提起这件事，我就惭愧不已。

那天，美术老师召集了七名画画能手去参加美术比赛，里头包括我和卓玲。坐好后，一张张洁白的画纸发到了我们的手上。多媒体教室里的空气似乎已经凝固，气氛十分紧张，我不禁为这次比赛的成绩捏了一把汗。我颤抖地拿起笔，许久没有触到画纸。瞧瞧一旁挥洒自如的卓玲，我真为她暗暗佩服。我努力静下心来，握紧画笔在纸上画起来，可擦了又擦、改了又改，折腾了半天还拿不定主意。我叹了口气：算了，我这"三脚猫"，能参加这次比赛就已经很荣幸了。

这时，我才发现由于过度紧张，已经流了一背的汗。我放下画笔决定休息一会儿，目光不由自主地停在卓玲的画纸上。一幅栩栩如生的画出现在我眼前：画的是一位美丽的小姑娘……看着看着，我发现有一处不对劲儿，叫了她一声，可她正在看别人的画没回应。我就悄悄拿起勾线笔为小姑娘画上所缺的器官——鼻子。可由于手的颤抖，从远处看那鼻子简直是一条扭曲的弧线。"卓玲、卓玲，你快看！"不知是谁叫了一声。她转过头来，疑惑地看了看她的画纸上新添的鼻子，又看着正拿着勾线笔的我。我心想："这下糟了，她肯定会让我们友谊的桥梁倒塌。对这次比赛，她是胜券在握的。怎么办？怎么办？"从卓玲皱起的眉头，我仿佛看到了那一幕……

在楼梯里，卓玲平静地对我说了一句话，令我永远忘不了——"其实，不添鼻子也很可爱！"……

国庆大阅兵

郭卓鹏

095

十月一日，新中国的生日；十月一日，中国人民自豪的日子。今天，是新中国成立了六十周年的纪念日，天安门广场上将拉开隆重的阅兵式表演大幕。

早上十点整，我匆匆地打开电视机：耶！正好在升国旗。只见三个国旗卫士手上持着枪英姿飒爽地走向国旗台。他们身后跟着排成六行的护卫队，个个精神饱满，昂首挺胸。一只手在身体侧面有节奏地摆来摆去，另一只手高举着，抬着鲜艳的五星红旗。广场上鸦雀无声，只听见那斩钉截铁一般的正步声。等走到了旗台上，那个走在最前边的卫士和他身后的一个战友上前去接过国旗。其他几个在旗台四边立正站好。"敬礼——"突然，系国旗的军人一个马步，精神抖擞地把国旗向右上一扬，国旗便迎着骄阳，向着蓝天徐徐升起。霎时，台下的观众用嘹亮的声音和着熟悉的旋律有力地唱起了雄壮的国歌。当国旗升到终点时，观众们拼命喝彩，有的热泪盈眶，有的使劲挥舞着自己做的小红旗，还有的高兴得手舞足蹈……整个广场沸腾了。

突然，眼前飘来的那片红霞又让我的双眼一亮："女的，女的，想不到还有女兵耶！"我急忙靠近荧光屏仔细瞧：哦！原来是"女民兵方阵"。刚才的女兵方队就展示了"巾帼不让须眉"的豪气。现在，只见一列一列的女兵戴着白帽子，梳着整齐的头发，穿着粉红色的连衣裙，一律白色的长靴，挺着结实的胸脯，双手紧握着冲锋枪，迈着整齐的步伐向我们走来了。经过天安门城楼时，前面两个领队用婉转美妙的声音高喊："正步——走！"后面的女民兵也跟着喊："正——步——走！！"那声音掷地有声、悦耳动听，真是"回肠荡气，萦绕耳际"呀！……

另外，给我留下深刻印象的还有一队队造型新颖披红挂绿的彩车。演员们随着旋律优美的音乐翩翩起舞，惹得成千上万名观众引吭高歌……啊！我希望每天都能看到这样如此气派的景象！我深深地为祖国的强大而自豪！

清明节里也欢乐

蔡玙铄

清明时节雨纷纷，因为下着雨所以就挡住了我们回长乐的步伐。

想到古人清明踏青的乐事，而如今清明节只剩下扫墓活动，郁闷死了！

临近午饭时间，妈妈叫我们穿好衣服，说是阿姨请吃饭。我们如约来到约定的酒店房间，迈步一进：来的人可不少，有十来个，其中还几个是小孩！这回我不怕没有玩伴了。我心里暗暗欢喜。

饭菜上齐，我已经等不及了，拿起筷子伸向了香喷喷的火锅。我放开肚子大吃，很快就吃饱了。接着，我和其他几个小朋友像脱缰的野马，偷偷溜出去在饭店的走廊上玩起游戏了。

最好玩的是"木头人"游戏。姐姐先逗我，我做出了一副沉思的样子，一动也不动，远看上去一定像一尊雕像呢。姐姐和同伴为了逗我，在我眼前又做鬼脸又翻跟头，但我还是纹丝不动。"雕虫小技，休想让我笑倒。"她越是逗我，我越是克制住不笑。经过我不懈的努力，他们只好认输了。

轮到我当逗者了。我先站起来，模仿模特扭着屁股走来走去，可她连看都不看我一眼，站在那里一动也不动。我见计划落空，便来了"挠痒痒"。可是，姐姐根本不怕痒，像个铁面包公一样，站在那里一动不动。我有些泄气了，心想："连绝招都拿出了还不行，怎么办？"正当我想认输时，突然想起了书上看到过的小斗士恩科西。她不是最怕小虫吗？于是我掏出口袋里的那只塑料大甲虫，走到姐姐面前，把大甲虫在她的眼前一晃一晃的，她吓得大叫起来。哈，成功了！

不过，玩也是体力活，可不是吗，同伴们个个满面通红，大汗淋漓，这个清明节过得十分开心。

097

夏天里，我种下了草莓

中秋＝美味＋赏月

陈振宇

中秋是我国的传统节日，观月、吃月饼，是团圆的日子。可是我过得与众不同。

早上，响了，爸爸接了个电话，说："好，好！一定去。"我见爸爸挂了电话，问："爸爸是谁打的呀！"爸爸笑眯眯地回答："是你叔叔邀请我们晚上去山上烧烤。"我听了，心中美滋滋的——晚上烧烤，一定别有风味！

傍晚，我们全家乘车到目的地。我一看，叔叔一家早已经把烧烤的工具准备好了！等到热狗、鸡腿等东西烤好了，我"口水直流三千尺"。因为这烧烤实在太香了，我犹如一匹饿狼掠过食物。我张嘴咬了一口鸡腿，美味在我的嘴中四处流窜。一个，二个，三个……那种感觉光看是体验不到的，除非自己亲自去品尝一下才能知道它有多么美味！

不知不觉，夜幕降临，圆月东升。爸爸打开车灯，我们边欣赏圆月，边吃着美味的烧烤。我抬起头望着月亮，不禁想起了《嫦娥奔月》的故事。我问爸爸妈妈："大家不是都说十五的月亮十六圆，可是今天的月亮比十六的月亮还圆，为什么呢？"爸爸笑眯眯地说："因为今天的月亮是来看我们吃烧烤的，当然圆喽。"我们听了不禁都哈哈大笑起来。

今天真是开心！因为今天既那吃到美味佳肴，还能和家人团聚在一起共度佳节，你说，能不快乐吗？

搓 汤 圆

郑妍

我会包饺子，而且包得很好，可是却没包过汤圆，但我相信包汤圆肯定和包饺子一样简单透顶。

冬至那天，妈妈说："街上卖的汤圆都不好吃，不如我们自己包，而且更有过节的气氛。"我一听，兴奋劲儿就来了。等妈妈都准备好了材料，我就屁颠屁颠地跑去把双手洗得干干净净。回到桌边，就摘了一小团糯米团放在两手心，学着妈妈的样子轻轻地揉啊揉。失败了几次，一颗像鹌鹑蛋大小的洁白无瑕的粉团终于揉好了！接着，我用左手四个手指托住粉团，再把右手拇指插进粉团，使粉团在手指间不停地旋转。不久粉团就变成了一个"小酒杯"，然后我将麻沙馅儿放进窝里，用右手拇指和食指一边轻轻地将窝边往里夹，一边用左手指慢慢地转动粉团，直到把窝口封死，这样汤圆就做好了！

等到锅里的水开了，我就迫不及待地催妈妈把汤圆放入锅里。不久，汤圆都浮起来了，妈妈说："汤圆熟了，快捞出来吃吧。"我捞了一碗，急急忙忙将一颗汤圆往嘴里送……哎呀，不好！汤圆的味道还没尝出来，却把舌头给烫着了，疼得我哇哇直叫，眼泪都冒出来了。可爸爸却在一旁幸灾乐祸地说："这就叫心急吃不得热汤圆。"

哎，虽然被烫了，可是着甜甜的味道已经令我陶醉了。

夏天里，我种下草莓

李炜哲

窗户上刚刚露出一点儿光亮，我就醒了。那天醒得格外早。

"今年的礼物是什么呢？"我眯着眼睛陶醉地想，一辆遥控赛车、一张旅游的机票，还是……每年的生日都是我最快乐的时候。

呵，是一桶"小花农"！

以后我就不用在QQ农场模拟演习了，可以真刀实枪地干活了。我打开包装盒，小心翼翼地把培养土倒到纸盒里，再用细水喷洒，土壤就像海绵宝宝一样一点一点地膨胀，我又把种子均匀地撒在培养土表面，然后将覆盖土盖在表面，再铺上肥料，又洒了点儿水。

我的草莓种下去了。每天放学，我迫不及待地给小草莓浇浇水。一天、两天……十多天过去了，我望眼欲穿，生怕它没动静。终于有一天，几棵小苗苗羞答答地探出小脑袋。我赶快把它们搬到阳台，好让它们享受阳光浴。又过了几天，根茎抽直了，小苗苗舒展开绿色的叶子朝我挤眉弄眼。慢慢地，这些小叶子又长成大叶子，争先恐后地挤占着空间。一阵风吹过，叶儿傻乎乎地摇晃脑袋。我开心地笑了，心里别提有多快乐。

妈妈说，该给草莓换新家了。小鸟给我们带路，舅舅的农场欢迎我们。挖开潮湿的土壤，我们植下嫩绿的草莓。这个夏天，我种下了一个绿色的梦，一个绿色的希望，一支绿色的歌。

草莓地里冒出了一个个白色的花骨朵。我惊喜地蹲下来看，绿色的叶子晃动着，一阵清香扑鼻而来，我好像看到果实的眼睛了。我第一次感到自己的劳动竟然这么美妙。

有一天，晚上住在农场，我悄悄地来到草莓地。洁白的月光下，萤火虫在飞舞，蟋蟀们在歌唱，一颗颗小小的草莓像和我捉迷藏。那夜，我香甜地睡着了。我梦见农场里的草莓露着红艳艳的脸庞，对我说："快来呀，来摘我吧！"这时候，全班同学都来了，大家笑着，摘着……

《小木偶的故事》续

郑晟腾

101

有一天，小木偶又蹦又跳地走在街上，在一个拐弯处遇见了猫法师。猫法师长着一双绿幽幽的眼睛，面目狰狞，阴森森的，可怕极了。

"咱们来做一笔交易吧！"猫法师掏出一支笔说，"我手上的笔是一支有魔法的神笔，用它写下自己的愿望，这个愿望就能实现。我想用它来交换你的笑。"无知的小木偶心想：笑曾经给我带来过无尽的烦恼呢！于是他爽快地答应了。

又一天，小木偶在商店橱窗里看见一顶漂亮的帽子。他想：如果我戴上这顶帽子，大家一定会很羡慕我，说不定还会……小木偶正

夏天里，我种下了草莓

做着白日梦，却不经意看见帽子下面的标价：9999.99元，原本激动的心情立刻被泼了一盆凉水。这时，他不小心摸到了神笔，他茅塞顿开，连忙写下：我要那顶帽子。突然，一顶崭新的，美丽的，豪华的帽子缓缓落在小木偶的头上。

回家的路上，小木偶碰见了小兔子。小木偶想开个玩笑，便说："小兔子，我的帽子好看吗？那是我抢来的！"小木偶想笑，可他怎么也笑不出来。看着小木偶一本正经的样子，小兔子脸都吓白了，于是她把小木偶告上了法庭。

狗法官是个糊涂法官，在审讯时见小木偶一脸冷漠，立刻说："只有犯人才有这么冷酷的表情，我宣布——小木偶抢劫罪名成立，判无期徒刑！"小木偶百口莫辩，十分着急，这时他突然又想起那支神笔，于是，他掏出笔写道：我被无罪释放。

出狱后，小木偶在人们的眼中成了闻风丧胆的"抢劫犯"，大家都不愿意跟他交往，小木偶十分孤独。为了寻找快乐，他去看了一场有趣的木偶戏。木偶戏闭幕了，大家笑得前俯后仰，小木偶却泣不成声。听到他的哭声，人们吓得纷纷逃窜。

小木偶终于醒悟，笑也许会带来烦恼，但没有了笑却会造成更大的痛苦。于是，他毅然地用神笔写下三个字：还我笑。"笑"字刚写完，小木偶黯淡的眼神立刻变得十分明亮，他的脸上又重新绽放出阳光般的笑容。从此，小木偶又变成一个活泼可爱的孩子了。

数字王国里的争吵

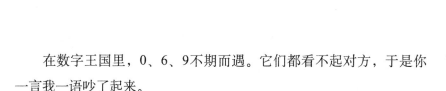

黄凌彦

　　在数字王国里，0、6、9不期而遇。它们都看不起对方，于是你一言我一语吵了起来。

　　0说："呦，6啊，你像我多好呀，怎么做起头发来啦？！竖得那么高，真丑！还有9，你像我多好呀，拄个拐杖干啥？难不成想让大家把你当老人孝敬？！哈哈，我是不会孝敬你的！"

　　6听了，把头发往后一甩，骂道："你还有理说，你那么圆，站都站不稳，我这撮头发是时尚达人才能拥有的。再说，我弄头发，关你什么事？你说9我还赞同，不过我看那不是拐杖，而是增高鞋。9啊，你长得再高，也不能超过作业本的顶格，到时上了作业本，不还得弯腰呀？还不如直接像我这样，做个头发了事。"

　　9不卑不亢，亮开嗓门说："我是数字王国里的老大，我想干什么就干什么，你们管不着！我就是我，不一样的烟火，我既不需要拐杖，也不用增高鞋。我只要翻个身，就是6，也能碾压0，再翻个身又变回我自己。再说了，0，你能站得稳吗？你看看我和6，好歹还有一点儿装饰，你却光秃秃的像个鸭蛋，我恨不得一口把你吃了。数字王国里处处都是有学问的人，而你们两个不识好歹，真是两颗老鼠屎，坏了一锅粥！"

0和6异口同声地说："你说我们是老鼠屎，你也好不到哪里去，别自以为是，目中无人！"说完，他们不约而同地瞪了对方一眼，将头扭向了一边。

正当他们闹僵的时候，数字960爷爷走了过来，语重心长地对他们说："数字王国里的每个人都是有用的，谁也不能少，就像中国有960万平方千米的国土，能少掉0缺了6忘了9吗？你们要和睦相处，不要整天吵吵嚷嚷的，弄得鸡犬不宁。以后要学会高调做事，低调做人，要懂得尊重别人，这样，我们数字王国的明天才会更和谐、更美好！"

0、6、9听了，都惭愧地低下了头，不敢再争吵了。

成为蚂蚁的日子

眼前一片模糊，隐约可见高大的树木摇曳个不停，一股泥土清香沁入心脾。我试着站起身来，居然无法直立！我连忙低头看。呀，我身子底下是六只细长的腿，而且还变成了棕色的。我还发现我脑袋前垂着两根触角！——我到底是什么？

成为蚂蚁的日子

石楠琳

"哼，明天我不画了，黑板报你们全包好了。"我愤愤地嘀咕着，钻进了被窝。

"咕，咕咕……"这是鸽子在叫吗？No！是我那可怜的肚子。我揉揉眼睛，醒了过来。呀！这是什么地方？眼前一片模糊，隐约可见高大的树木摇曳个不停，一股泥土清香沁入心脾。我试着站起身来，居然无法直立！我连忙低头看。呀，我身子底下是六只细长的腿，而且还变成了棕色的。我还发现我脑袋前垂着两根触角！——我到底是什么？

我的视力下降得厉害，周围的景物都模模糊糊的，但是触角却灵敏得惊人——泥土的气息啦、青草的清香啦、动物洞穴的腥味啦，一股一股向我袭来。忽然，我闻到一股熟悉的气味，和我身上的很像。我精神一振，顺着那股气味爬去。

气味越来越浓了，一只巨大无比的——蚂蚁——出现在我面前。这只蚂蚁见到我，惊讶地问："你是谁？我怎么没见过你呢？"我迟疑了一下，小心翼翼地回答："我是……呃，刚来的。""你好！我叫小飞。"小飞向我伸出——触角！我一时没反应过来，但也效仿它，伸出触角碰了碰。"好！我们现在是好朋友了。走！我带你去找吃的。"小飞高兴地对我说。

我们俩一前一后朝前爬去，小飞还细心地边爬边留下气味。可怜我那1.5的视力啊，现在居然像盲人一样，每走一步，都要用两根"竹竿"——触角——不断地敲地。一路上，我们遇到不少其他虫类，不论是长着双翼低飞的，还是长着六足在地上爬行的，都会热情地与小飞寒暄几句。

我一直安静地跟在后面。小飞突然停了下来，我想他一定是发现了什么。果然不出我所料，正前方不远处躺着一条又肥又大的青虫。平时我一脚就能踩扁的青虫，此时在我眼里无异于庞然大物。小飞兴奋地冲上去，绕着大青虫转圈。绕了一会儿，突然，他凑上前去，用大门牙向大青虫猛咬一口。可大青虫安然无恙，若无其事地在那里睡觉。小飞又连续向大青虫进攻，大青虫不耐烦了，猛地向他滚了过来。小飞迅速地退到我身边，触角快速地摇晃："前面有一条大青虫，我去叫同伴来，我们有美餐了！"于是，他连滚带爬跑走了。

不一会儿，一支黑压压的队伍过来了！一只又一只的蚂蚁爬到了大青虫身上。可他们和大青虫相比实在太渺小了，就像大青虫身上的小点点。我真替他们捏一把汗。果然，大青虫拼命挣扎，摇头摆尾，一只只蚂蚁甩的甩、压的压……但它们转身又冲上去，更多的蚂蚁死死咬住青虫不放。我脑袋一热，忍不住也冲上前去，一口咬在青虫身上。在我们的一齐攻击下，大青虫终于不动了。我们欢呼雀跃，不停地互相碰触角，传递满心的欢喜。接着，我们个个使出全身的力气，把大青虫抬回蚁穴。

今天捕食的成功，让我见识到了蚂蚁民族的团结，我真正感悟到"团结就是力量"的道理。

此时，我忘记了我已经变小，忘记了烦恼，快乐地和这些热情的蚂蚁在一起。

其实，当一只蚂蚁也不错！

成为蚂蚁的日子

一片树叶流浪记

张之予

　　我是一片小树叶，我的名字叫枫叶。因为没到秋天，所以我还是绿色的。每天躺在树妈妈的怀抱里，懒洋洋地晒着太阳，舒服极了。

　　有一天，一阵风吹来，我离开了树妈妈的怀抱，飘落到不远处的一个荷花池里。荷花姑娘们长得真漂亮，她们穿着粉红色的裙子随风起舞。其中一朵最漂亮的荷花姐姐看到了我，笑眯眯地摘下了一片花瓣送给我当裙子。我也穿上了粉红色的裙子，乐呵呵地和她们一起跳舞。池塘里的小鱼热极了，它们看见了我，急忙游过来叫道："枫叶姐姐，我可以躲在你的下方遮遮太阳吗？""可以呀！"我乐意地回答道。小鱼们很开心，在我和荷叶姐姐的下方游来游去，还不时地吐出一两个小泡泡。小泡泡吐到我身上，好像在给我洗泡泡浴，这泡泡浴痒痒的，逗得我不时地呵呵笑。

　　这时，一个大水浪打了过来，我被打到了岸边。正在池塘边散步的小兔子看到了，惊喜地叫起来："这片枫叶真好看呀！"它把我捡起来，带回了家，用水给我洗了个澡，取出漂亮的小花布把我擦干，放在一本童话书里当书签。我躺在书里睡着了，睡得特别香……

我的变小经历

李　欣

　　"你别坐在我身上呀，压着我了，好疼啊！""咦，这是谁在大呼小叫呢？谁坐在你身上了？""是我啦，我是书里的汉字。你看书就看书嘛，干吗坐在我身上？""啊？我坐在汉字的身上？"我急忙站了起来，拔腿就跑。"哎哟，哎哟，你想踩死我们呀？"这下可惨了，脚底下响起一大片哀号声……

　　我不知所措，呆若木鸡。低头一看，我的双脚居然站在我最钟爱的《意林》之上，那一个个汉字被我踩得东倒西歪的，还有一个"梦"字，都被踩扁了。我在哪儿呢？我怎么变得这么小了？"妈妈！妈妈，你快来呀，我……我……"可是，我发出来的声音，就像蚊子在叫，正在客厅收拾东西的妈妈，一点儿反应都没有。我急得焦头烂额，在书上东奔西跑，可怜那些汉字，又一次被我踩得东倒西歪、大呼小叫的。

　　"欣欣，欣欣，快点，我们要出发去外婆家了！""咦，这孩子哪里去了？难道她先下楼了？好吧，我们去楼下找找看。"

　　"妈妈，妈妈，我在书房啊……"我急得大叫。可是，回答我的，却是开门和关门的声音。他们走了，去外婆家了，把我落在家里了。

我得赶紧追去呀，于是，我跳下书本，跑到书桌的边缘。一看，眼珠都要掉了！那么高，对于我这个此时才五厘米左右的小豆豆来说，那分明是泰山哪！我要怎么下去呀！

怎么办呀？我苦苦思索着。突然，我看到桌上有一块小小的布，那不是可以做成降落伞吗？我可以抓住它的四个角慢慢滑下去呀！

终于，在经过那缓慢的、飘飘悠悠的空中飞行后，我安全着陆。我把那块布折叠起来，绑在身后，以防需要时找不到。

我奋力向前，跌跌撞撞、连滚带爬地跨过一个又一个地板砖之间的大沟，经过一个又一个地板砖。历尽千山万水，风尘仆仆的我终于来到大门口。可是，我只能望门兴叹，此时的我，哪里打得开大门呀？算了，算了，我还是去电脑室吧。

于是，我又跨越千山万水，灰头土脸地来到电脑室。我的目的是来这儿上网，查查看这究竟是怎么回事，我怎么会突然变小了。

费劲九牛二虎之力，我终于攀上了电脑桌。唉！真是屋漏偏逢连夜雨啊，新的麻烦又迎面而来——电源键我按不动！唉，算了吧！不管了！或许变小只是一时的，过不了几天，我又会变回去。于是，我挂上降落伞，回到地面，重新越过砖缝大沟，翻过没铺平的地砖，又一次走遍千山万水，回到书房。唉！变小真碍事，那么短短的四五米路成了一次大长征。

我爬！我爬！我爬爬爬！下面有个洞，我踩稳了！一二三，起跳！哎！小心，抓稳了，要掉下去了！我孜孜不倦、坚持不懈地拼命攀爬，终于登上我的书桌。经历了两次大长征、登泰山，我早已饥肠辘辘，立刻向桌上的"面包山"进攻。

成功攻下三粒芝麻，又攻下一颗葡萄干！我放弃了面包山，来进攻那美味的薯片。"咔嚓咔嚓"一阵响后，我攻下了小半片薯片，又来到苹果面前。由于苹果已经削成块，我就选了一块最小的，尽情地吸吮着里面的甘露。

吃饱喝足后，我又爬到我心爱的书上，小小的身躯，在字里行间穿梭着，在一个个精彩的故事中开始了悠闲的饭后时光。要翻页了，我急忙跑到书的一角，用尽全力，咬紧牙关，终于把书翻了过去……

草原的狼群

林子钺

太阳揉揉惺忪的睡眼，缓缓地从东边爬起来。清晨的云雾还未散去。

"啊——呜——"一阵狼嚎惊醒了我。这是狼王的号令！我赶忙跳了起来，飞一般闪出洞口，跃下石阶，奔向草原。狼王威风凛凛地坐在岩石宝座上，扫了一眼子民，宣布："前几天派去跟踪牦牛群的狼，带来消息了——牦牛群明天会路过山脚下的山泉水沟。它们必会停下喝水，到时狼A队和B队左右开弓，围住它们，耗掉它们的体能，杀它个措手不及！""是！"狼群显出贪婪的魔鬼样，我也不例外。

晚上，我在一块石头上反复磨着我的狼爪和狼牙，生怕在关键时候掉链子，给大家带来麻烦。要知道，我可是A队的主力，就靠我在牦牛脖颈上狠狠扯下一块，让它血流不止，惨死在地。

第二天，狼王率领大家来到水沟埋伏。我们A队在水沟高处的一块岩石后面，既看得到牦牛的一举一动，又难以被发现。B队则在不远处的树林中，树皮给棕灰色的狼提供了保护色。待会儿由他们吸引牛群，我们上去撕咬，而狼王在一旁静观其变，作为后方支援。

"嗒嗒嗒，嗒嗒嗒……"牦牛来了！如狼王所料，牦牛果然在水沟停下饮水。几只牦牛警惕地望望四周，然后放心喝水。B队见时机已到，离弦之箭般冲了出去。牦牛乱了阵脚，左冲右撞，四散奔逃。

B队很快选中一头肉质鲜美的幼牛，对它发起猛攻。虽说是幼牛，个头可不小。紧接着，我们也冲了出来，很快，那头幼牛被我们团团围住。我们步步紧逼，大家缩小包围圈，给我提供了很好的攻击角度。我找准时机，冷不丁扑了上去。幼牛慌忙一个躲闪，我扑了个空。那只幼牛因我扑了空，信心倍增，它盯住包围圈中一匹较瘦小的狼，低下头，把牛角对准了它，右后蹄蹬了蹬，伺机突出包围圈。

哼！我们冷笑一声，那头幼牛，真是蠢到家了！别看那匹狼瘦小，它可是B队的"堵神"！——堵猎物可有一手！那只幼牛已经冲了过来，"堵神"将身体俯得很低。当幼牛快冲到它跟前时，"堵神"找准牛头和地之间的空隙，猛地蹿了进去，一头将牛顶翻。

大家采用"车轮战术"，轮番上阵，咬的咬、扯的扯，给幼牛添上一道又一道伤口。它哆哆嗦嗦的，但还是站了起来。看来它不好对付！我改用恫吓战术，摆出一副要扑上撕咬的架势。我前爪斜撑在地上，后脚蓄力，眼里透出凶狠的狼光，时刻准备扑上去。幼牛还是幼牛，经验不太丰富，加上刚才一波攻击，早就吓傻了，眼里流露出一丝胆怯。我乘机一扑，成功咬到它的喉颈。战友们大声喝彩，和我一起将幼牛拖回狼群……

阳光照耀着平静的草原，谁也不曾想到，这里刚刚上演了一场嗜血、残忍的攻牛之战。

留取丹心照汗青

张毅豪

黄昏暗淡，一轮落日在西边的地平线上挣扎着，几缕余晖无力地洒向天际，慢慢地消失殆尽。

一声苍凉的号角声响彻天地，颈口的大刀露出狰狞的凶光。他，倚台远眺，看到的是血色残阳。残阳如血，这是否也预示着他的结局？他自嘲地笑了笑。如今，虽历尽艰辛征战四载，可是这破碎河山仍如同风中飘絮，自己个人也是雨打的浮萍，身不由己。四年抗元躲不过今日牢狱之灾，明日斩首之祸。现在是择将亡之国、寻必死之路，还是重投帝君、享荣华富贵？一时千头万绪涌上心头，国仇家恨充斥心间。何去？何从？

闭上眼，往事历历在目，得志时，紫袍金带，显赫一时；国破时，领兵御敌，苦战四载；战败时，说惶恐、叹零丁，怎奈老天无眼；被俘时，荣华富贵，或是身首异处，仅是一念之差。何去？何从？

或许，择高官厚爵而居之，可享一世富贵，可又有何面目面对天下苍生？！何去？何从？

叹一声，江河倒流；吟一曲，千古绝唱。面官爵而不淫，临刀戟又何惧？大丈夫当是如此，或许苟且偷安，可换来一时富贵荣华，可如今这心灵的抉择，才是真正无愧于心的！在这一刻，文天祥有了选择：生，我所欲也；义，亦我所欲也；二者不可兼得，当舍生取义也！

天边的落日仿若不甘心，那瞬间耀眼的光芒斗破苍穹，倏尔回归黯淡之中，如那双幽怨的目光怅望灰天，直至最后一抹光芒逝去……

大圣的苦衷

林 烁

唉，俺身为家喻户晓的大明星，也成了万千少女猴青睐的对象，却为何唉声叹气地诉苦呢？请听俺一一道来。

首先，便是俺师傅了！都说"当局者迷，旁观者清"，可为啥师傅身为旁观者却越来越迷呢？俺老孙杀妖无数，为何到了俺师傅眼里却成了"杀人"？唉！每次杀完妖都要被一阵好念，把俺痛个半死！当俺老孙气急败坏要离开时，那个死肥猪竟还在说风凉话。最后师傅被捉了，这肥猪呀，又声泪俱下地求俺救人。每次救了师傅，他便略带愧疚地说："悟空啊，为师错怪你了啊！"可到了下一个妖那儿，师傅又在我杀完妖时让我回花果山。我说师傅啊，您天天说错怪我累不累啊？您想过我的苦处没啊？

苦衷二，就是我被不断地翻拍了。唉！当个明星真烦，天天被翻拍。先说说日本版的，他们将俺出世那段拍得有种奥特曼的风格。当俺出世时，天！这哪是猴子？分明就是只大猩猩嘛！为啥俺被他演得连黑熊怪都打不过？说是翻拍，不如说是在侮辱俺的猴格啊！再说一部特技电影，天！这里头俺出场时为何进化得这么离谱？就剩脸上有毛了，俺使的竟不是金箍棒，而是烧火棍！你没有听错！它两头竟还能喷火……更可气的是台湾地区的那一部，俺至今为止都想不明白那化妆师到底是哪来的勇气，竟在俺头上添了一朵小花儿！

最后说说咱国产大片《西游记后传》，它创造了一个眼神呆滞浑身抽筋的俺，它创造了一个为了显示威力而把一个动作重复三遍的武打。一个简单的侧踢，它总是要左一遍右一遍，左一遍右一遍地回放到天荒地老！这哪像是翻拍，这完完全全就是诋毁俺的猴格啊！

当我遇到孙悟空

傅德立

"呔——妖怪哪里跑！"如霹雳一般的吼声把我从精彩的睡梦中拉回了现实。大清早的，还让不让人睡呀？我嘟囔着责备着揉揉惺忪的双眼——

啊！鬼呀！一团毛茸茸的东西向我伸了过来……"妈妈呀！姐姐呀！快来救我呀！"我本能地向这个不明物体挥了个漂亮的右勾拳。"哟呵！疼，疼死俺老孙啦！"听这句如此熟悉的台词——莫非是……我睁眼一看，惊呆了：还正是孙悟空！"大圣光临我家有何贵干？"只见孙悟空龇着牙，捂着脸，打着战坐了下来："哎呀！俺老孙不是六耳猕猴那妖精，没想到刚跟师傅走丢又挨了一顿暴打，真衰

成为蚂蚁的日子

呀！"

"哈哈……"我大笑起来："没想到咱们鼎鼎大名的大圣也落到这般田地。不过，我帮你用因特网查查你师傅吧！""什么？什么网？"他吃惊地瞪大了火眼金睛，"该不会是盘丝洞里头的蜘蛛网吧？"唉！真是"对猴弹琴"，我一阵气结。"猴哥，实话给你扫盲吧！因特网是一个多功能网络把世界各地连接在一起。你不仅可以找到你师父，还能订机票、看电影等等，能做任何事……"我一边打开电脑一边滔滔不绝地介绍了二十来分钟。当我回头看他时，只见孙悟空呆站在那儿流着口水，随后喜不自胜地抓挠腮毛，接着挤出一句话来："这玩意儿莫不是比七十二变还要厉害？当真是神通广大呀！""好了！据GPS的搜索结果显示，你师父和师弟三人正徘徊在人民大街上，快去吧！"我指点道。"多谢多谢！回去我也给大家弄一张来，真给力呀……"说完便猴急地腾云驾雾飞出窗外，眨眼间不知去向了。

给齐天大圣当导师的滋味可真不赖呀！哎呀，忘了签个名了……

太空寻亲记

黄郁盈

不用猜，大家都知道：我排行第八，有着一个响亮光荣的名字——"神舟八号"！

我出生后没多久，就收到了从未见面、比我大一个月的表姐

"天宫一号"的来信：表弟，你可诞生啦！知道吗，太空可好玩了！来我这儿吧？……看到这里，我好激动，恨不得马上出发。我的"爸爸妈妈"们也同意了这事儿，给我安排了行程，还准备了个包裹——里面是一些微生物、种子等实验品。万事俱备只欠东风。为了顺利把我送上太空，他们专门请来长征二号F阿姨。

　　"轰！"随着一声巨响，阿姨脚下爆发出一团乳白色的烟雾，我们直冲云霄。"丝丝"的气流在我耳边嘶吼，躺在阿姨怀抱里的我却不知不觉睡着了。不知过了多久，"太空到了！"阿姨冲我招招手，"好了，孩子，这里就是近地轨道了。我只能送你到这了。顺着这条路，去找你的表姐吧。走好啊！"说完，她就松开我的手往下落去了。

　　表姐，我来啦！我平稳地张开双臂(太阳能电池板)向前飞去。呀，好困啊！静谧的太空让我真想睡一觉，可不管走到哪都觉得有无数只激动的眼睛在望着我。不知走了多久，我隐约看见了——哇！好一个大家伙！看那模样应该是信上描述的比我大一个月的……表姐？呀，真是表姐！我的脚步不由得放慢了。我这一喊，表姐迎上了我。我向表姐发出信号，表姐也用电波和我心灵沟通。

　　在那一瞬间，我找准了表姐的方位，伸出小手，表姐也伸出手……"咔！""呀，成功了！"表姐高兴地喊。太好了，我终于和表姐比翼齐飞，遨游在浩瀚的太空……

月球基地一日游

黄　岩

早晨刚起床，爸爸神秘地对我说："今天带你去月球游一日！"爸爸是从事月球研究工作的，我早就求爸爸带我上月球看看，今天我的愿望终于实现了！我欣喜若狂，立即准备一下和爸爸出发了。

我们坐上"神舟"超光速飞船，系好安全带，飞船就像离弦的箭一样，飞向月球。不一会儿，飞船屏幕上显示出"已到达月球"的字样。啊，飞船稳稳地降落在月球上，着陆了。我踏上了月球表面，我高举双手兴奋地大喊："我登上月球啦——"稍一用力，我就像腾云驾雾一样轻飘飘的，比起武侠小说里的"草上飞"的轻功，还要略胜一筹呢！

"走！"爸爸回头对我说，"我们到'广寒宫'去！"我跟在爸爸身后迷惑地问："这里真有嫦娥居住过的宫殿吗？"爸爸笑着说："当然没有什么宫殿，那只是古人的幻想罢了。但是现在人们终于实现了这个愿望，在月球上建起了美丽的'广寒宫'。"这时，我隐约看到前面出现了一座巨大的乳白色的圆形宫殿型建筑物。"这大概就是'广寒宫'吧！"我不禁惊喜地叫道。"是呀，这是用特殊材料制成的建筑物，既能防冷隔热，又能阻挡宇宙射线、辐射，防御流星侵袭。"爸爸自豪地向我介绍。我知道这里面有爸爸辛勤工作的成果。

走进"广寒宫"，我一下陶醉在这奇妙的境界里：植物园里，小麦、水稻苗壮成长，西红柿长得像西瓜一样大，黄瓜竟有一米多长……这里的植物产量高、质量好，广寒宫里人们的粮食、蔬菜都由这里供应。

再往前走，我们进入了"稀有金属冶炼厂"。那些难溶的稀有金属矿石，在一阵强光的照射下，即刻便化成了沸腾的溶液。人们在这里利用强烈的太阳能来熔炼月球上坚硬的金属矿石，这里炼出来的金属矿石纯度可达百分之百。谁说这茫茫的月球是贫瘠的荒土？它分明是富饶的宝地！

突然，一道强光射向我。我不禁大呼起来："救命！"等我惊醒过来，才发现自己躺在床上，一束阳光正透过窗户正照在我的身体上……

二十年后回母校

郑沛翔

"又见炊烟升起，暮色照大地，想问阵阵炊烟，你要去哪里……" 二十多年的海外生活，让我无时无刻不在心中哼唱着这首思乡曲。这次回到阔别多年的故乡，主要是参加同学聚会的。

故乡已经今非昔比，成了一座繁华的大城市了！这还是我记忆中的村庄吗？那狭窄的小路已经变成了绿树成荫掩映的柏油大道，路旁两侧还盛开着各种各样的鲜花，花香四溢，沁人心脾。当接我的弟弟把我带到汽车边：哇，竟然是自动系统，无人驾驶！

我们来到了母校。原来的城西小学名称已经改成"城西大学"了！两个机器人保安拦住我，询问我的身份。我说是这所小学曾经的学生。它们马上搜索出我的资料，确定我的身份后，才让我进去。眼前的景象让我又傻了眼：整座校园里鳞次栉比的教学楼拔地而起，掩映在绿树红花之中望不到头；每座楼都比我读小学时候兰溪边的二十层"五华城"还高。来到学生宿舍楼，更让人羡慕了。两个学生住一间，一共四十二层。最后两层分别是商店和洗衣房；另一层是食堂。

我在操场闲逛，突然有个人从后面拍了一下我的肩膀。我吃了一惊，转过身来，看见那个人，短胡子，白脸膛，露着微笑的白牙。咦！这个人怎么这么眼熟呢？想了好一会儿终于想起来，原来是小时候爱耍嘴皮子的戴阳明。我惊讶地问道："你在这干什么？"戴阳明笑着回答说："我是这儿的校长。这次活动由我组织啦！"我怎么也想不到校长会是他！我连忙说："好，叫上语文老师……"

很快，我见到了儿时的同窗好友。全变了！一群人谈着笑着，其乐融融，浓浓的乡情充满了整个屋子，仿佛又回到了童年……

最后一个人

唐奕雪

地球上的最后一个人A独自坐在房间里，这时，忽然响起了敲门声……

敲门的是一只巨大的灰兔，它大概有两米半左右，身材肥大，瀑布般下垂的毛一直抖啊抖。一直让兔毛抖到鼻子Ａ才惊醒。

好久不见肉了！Ａ的眼睛幽幽地亮了，但想想自己如今几乎只剩一层皮和一副骨架，他的眼神又布满了自嘲：自己都快死了，还想着祸害其他生物呢……

"你是人类？"灰兔颇为感慨。如今眼前这瘦小个儿，竟是当年地球上呼风唤雨的人类中的最后一员！变异后的它有了灵智，体型巨变，生活倒是有了保障，只是孤独地活在世上这么久，使它最终找上了曾经的"仇敌"——人类。面对灰兔开口，Ａ却并不惊讶。如今什么都变了，这算不上什么新鲜事儿。

"是的。"

灰兔复杂地朝Ａ望了几眼。看到如今这个人类的惨样，再加上自己亲人和自己都没有遭过人类毒手，它心里隐隐的仇恨也就全部消散。灰兔指了指身后的一堆蔬果："整个世界只剩下你、我两个生物，若你不在，我也无趣。这些送给你吧！"

Ａ吃了一惊，内心很快多出了许多不明的滋味。没想到，乱世之后最终给予自己温暖的是只兔子。

人与兔相对无言，眼神不约而同地投向满目萧条的远方……

竹篮打水未必空

吕铃铃

这两天读书，有一篇叫作《竹篮打水未必空》的文章吸引了我。

竹篮打水不就是空的吗，难道竹篮还能打水？我是带着满脑子疑问读了它的。

原来，这篇文章写了四组同学比赛"竹篮打水"——第一组同学因为舀水很用力，所以把竹篮洗得格外干净；第二组同学的水居然积了三厘米高，是因为他们跑得快，每次都把篮中的一点儿积水尽量抖入桶中；第三组同学捞到许多垃圾，获环保奖；第四组同学捞到一些鱼虾，获意外奖。看来，竹篮打水真的未必空，还有意想不到的收获呢！记得巴基斯坦有一句谚语这样说：上帝不会帮助不动手去做的人。的确，只要去做了，说不定也会成功，就像不能轻易下"竹篮打水一场空"这个结论一样。

我想，这个故事可能要告诉我们实践最重要。在我们人类的文明发展中，实践真的起了很大作用，富兰克林研究雷电就是其中一例。他小时候，听父亲说雷电是上帝在惩罚人。于是，富兰克林想：上帝在惩罚哪个人？为什么只在夏天惩罚不在冬天惩罚呢？从小他便立志要解开这个秘密。长大后，他经过实验得知雷电是因摩擦而产生的，不是上帝发怒，而是一种自然现象。请想想，要是富兰克林不做这个实验，而是抱着书本读死书，读到的只是"雷电只是上帝的发怒"的信息，人类也就会晚些得知雷电的秘密。如果没有伽利略、牛顿、爱因斯坦以及像他们一样勇敢的"实践者"，或许人类至今仍徘徊在无知的世界中。可见实践多么重要啊！

这或许就是我读这篇文章最大的收获了。

写给齐王的一封信

林　晨

尊敬的陛下：

吾皇万岁万岁万万岁！

陛下身体可好！是否有政治难题缠身？如有不解之处，请让臣为您分忧，可好？

启奏陛下，陛下交给臣的任务完成的还挺顺利。臣为此日夜奔波，承蒙陛下的厚爱，终于圆满完成任务。任务途中，楚王处处刁难臣，侮辱我国，但臣却丝毫不畏惧，不仅挽回了我国的威信，还对楚国进行反侮辱。

起初，因为楚王知道我的身材矮小，所以就叫人在城门旁边开了一个只有五尺来高的洞，还叫人把城门关了，让我从这个洞里进去。我哪肯从这样一个小洞进去，这不是存心刁难，小瞧我齐国的人吗？于是我就让接待的人回去问楚王，他们是不是"狗国"，才让我从"狗洞"进的。这一来，楚王就不得不叫人速开城门来迎接我。这样的事还不止一件。等到我见到楚王时，楚王讥笑我们齐国没人，派了我这样矮小的人来出使大国。我婉转地回答说："我国有个规矩，访问上等的国家就派上等人去，访问下等的国家就派下等人去，我最不中用，所以就被派到这儿来了。"说完我故意无奈地笑了笑，楚王也只好赔着笑，那笑真的比哭还难看。心有不甘的楚王在我们吃饭吃一

成为蚂蚁的日子

半的时候还把两个齐国的犯人带过来取笑我们的子民。就在楚王得意扬扬的时候，我站起来，举了一个"南橘北枳"的例子，给他一个不小的反击。这下，楚王诚恳地表示歉意，说本来是要来取笑我的，没想到都被我巧妙地反驳了。依臣所见，楚王以后再也不会取笑我了，更不敢小看我们齐国了。

请陛下放心，楚王肯定不会记恨我国，臣并没有危险，现在楚王对臣佩服得五体投地。臣决定多留些时日，毕竟国家大事谨慎为好，与友国要进行更多的了解。请陛下恩准。

陛下，楚国军事盛大，臣已检阅过了。我总结了一些经验，希望能对我国发展有利。我国的军士的确还有许多可提升的空间，等回去后详细汇报，希望陛下能采纳臣加强兵营管理和士兵训练的建议。

陛下日理万机，臣就此叩别。

祝陛下龙体安康！

微臣晏婴

齐灵公二十六年

一封最想送出的信

陈若汐

亲爱的灾区小朋友：

你们还好吗？就在我阅读《历史的选择》这本读本以后，我不由得又想到了你们：

　　四川汶川的2008年5月12日和青海玉树的2010年4月14日是两个令人揪心的永远难忘的日子。一瞬间，地震让一个个原本充满生机的乡村、城镇变成满目疮痍，一片废墟。这个冷酷无情的这恶魔不仅让人心有余悸，更震碎了亿万人民的心啊！

　　看见无情的恶魔毁坏了你们美丽可爱的家园时，我曾潸然泪下。多么希望地震能听从我的调遣，让它马上从你们美丽的家园消失。我在心里默默地祈祷，可无论我多么希望这个梦想能够实现，都不能改变这个恶魔犯下的滔天罪行和你们失去亲人的痛楚……

　　亲爱的灾区小朋友们，我们都是幸福和充满希望的孩子。我虽然不明白为什么我们能在欢笑声中度过童年，而你们却要伴随伤心和哭泣……但我真希望能到你们身边，同你们手挽手、肩并肩地渡过难关，迎来阳光。让我欣喜的是：地震无情人有情，一方有难八方援。万恶的地震虽然夺走了你们亲人的生命，给你们留下了难以愈合的创伤，但是，我们的祖国妈妈向你们敞开温暖的怀抱，敬爱的党和国家领导人无不牵挂着灾区受苦的骨肉同胞，许许多多的爷爷奶奶叔叔阿姨哥哥姐姐，还有弟弟妹妹们都纷纷行动起来，向你们伸出援手，踊跃捐款捐物，尽自己的一份微薄之力……不是亲人甚似亲人！我会为自己生在一个温暖的大家庭里而骄傲！

125

　　今天，在爱的阳光下，我看到你们的家园渐渐得以重建，你们的紧皱的眉头渐渐舒展，生活越变越好了。看到你们能从伤痛中振作起来，在伟大的党和人民的关心、帮助下，依靠自己的双手，重建美好的家园，创造幸福的明天，我真为你们高兴！《历史的选择》这本书你们也看了吧。谁说不是亲爱的中国共产党带着中华儿女创造了属于我们民族的历史？！我们有理由相信：新的历史会在我们手中书写辉煌。让我们共同面对，让我相约新的起点，明天的生活会更美好！

　　祝你们生活快乐，学习进步。

你们远方的朋友：陈若汐
5月25日

成为蚂蚁的日子

最美的风景

魏子诚

它是中国人民的脊梁，是流传上下五千年横亘着的、一道最美的风景。它的名字叫作——汉字。

当我坐在电脑前翻看《中国汉字听写大会》的题库时，心里多少有些不快。又不是不会写字嘛！干吗学这么难的？都说方块字儿赏心悦目，可其既无诗词里人生百味之境，又无成语中短小精悍之意，古板奇怪，如断井颓垣，残破不堪；似驿外古桥，丑陋无比。可为何，它却是赛场上下的中流砥柱？

带着疑问，我开始了探索与学习。尽管刚开始有些意兴阑珊，可愈品愈有味，不得不在其博大精深里颔服。象形、形声、会意；楷行草金篆……愈钻愈深，愈兴味盎然。譬如一个"孝"字，似为一儿背着一老在缓缓行走；那一撇，是老人飘飞的胡须，悠悠轻扬；又是老人的一双大手，温柔地抚摸着孩子的头。子顺老，老慈子，以去声稳字形，才有了个完整的"孝"字，形声神俱全。再谈"巉"字，其实也并不复杂，为山为石，偏旁即山，"刀"字头是高峻的山峰，直薄云天，"比"是环抱的绿林，"兔"则有动静合一之意。稳、高、险的意境就在脑海上渐浮次晰，岂不快哉？美哉？

不过，汉字身为中华文化的大长老，不单是让人去玩味品赏的，更值得人们去追随学习。在现代社会，钢筋水泥林立的森林里，键盘与英文在一步步鸠占鹊巢，汉字的堡垒在悄然瓦解。因此"中国汉字听写大会"应运而生，方兴未艾。汉字听写之盛，不仅是汉字的博大精深与魅力所在，更有华夏子孙传承文明、激扬文字之担当。当一个个选手逐鹿中原、摧城拔寨之时，我们不禁为美丽的汉字而心旌摇荡。从仓颉造字起，汉字便如天悬飞瀑、银练挂落。

　　记得汉字听写大会的口号是："书写的文明传递，民族的未雨绸缪"。汉字是断井颓垣，却了然其古老芳华；虽为驿外古桥，可明白其千年积淀。汉字，是我泱泱中华一道最美的风景。

汉字，我爱你

戴琳霏

　　自从仓颉创造出灵动的你之后，你的美丽已流传了五千多年，伴随着我们中华民族的不朽传奇，穿越了历史的尘埃，直到如今呈现在我的面前。你是那样的熟悉、那样的亲切，你是黑夜中闪耀的星星，给我无尽的智慧；你是活泼可爱的小精灵，在我身边如梦如幻地飞舞，伴我们一路欢乐的前行；那就是你——中华民族博大精深的汉字。

　　汉字，字音通意，字形藏理，看似深奥玄妙，却又通俗易懂。"绿"字一出现，眼前便荡漾着一幅美妙的画卷：一座小山旁，一条小河畔，茵茵草木，翠色欲滴；当书写下"人"这个字时，我便惊讶地发现，随意的一撇一捺，便勾画了一个顶天立地、端方正直的人出来；当你心绪走不出心门时，你便会感觉到"闷""闷"不乐；而耳朵附在门上，便知道那是在静听着他人的言语。汉字，不由得不让人赞叹它构造的巧妙：一弹便是牡丹怒放，一挥就是重山连绵，一横横出了万里长城，一点就是茉莉香飘十里……汉字营造出了无穷的意境。

汉字，你妙笔丹青、铁画银勾，时刻提醒我们，做人要如你一样方方正正、傲然挺立。在你的熏陶下，中华民族涌现出了多少如你一样顶天立地、永不低头折节的人来。像 "人生自古谁无死，留取丹心照汗青"的文天祥，像 "受尽屈辱十九年，爱国之心永不变"的苏武，像 "宁可站着死，不可跪着活"的闻一多，还有像 "宁可饿死，也不接受嗟来之食"的朱自清……无数华夏儿女身上的铮铮铁骨，不正是你透露出来的铿锵有力吗？

汉字，你是那样的通灵玄妙，承载着多少难以意会和言传的韵味呢。刹那间的感悟是"恍然大悟""豁然开朗"，喧闹的白天是"花香鸟语""花团锦簇"，清幽的夜色是"清风皓月""云淡风轻"，高超的技艺是"巧夺天工""鬼斧神工"；一"闹"字写出了红杏枝头千古的绝唱，一"绿"字又写活了春风吹拂下的江南春色。还有什么样的文字能有你这样的美丽？有什么样的文字有你这样的传神呢？你是人间的瑰宝，不灭的传奇，上天的造化。

承载着中华民族古老的文明，从刻画在龟甲龙骨上，到沉重于千年的青铜古鼎，憩身于碑林石壁，又从厚重的斑斑竹简，直到那散发着清幽的纸香，一池墨香飘溢了五千年，迷醉了多少才子，倾倒了万千佳人。墨迹未干，我愿为你传承薪火，描眉青山，用不变的眷恋，高歌一曲，那千古的绝唱！

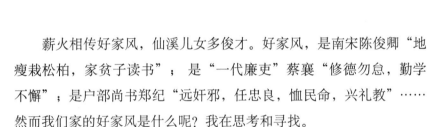

薪火相传好家风

陈雨恬

薪火相传好家风，仙溪儿女多俊才。好家风，是南宋陈俊卿"地瘦栽松柏，家贫子读书"；是"一代廉吏"蔡襄"修德勿怠，勤学不懈"；是户部尚书郑纪"远奸邪，任忠良，恤民命，兴礼教"……然而我们家的好家风是什么呢？我在思考和寻找。

沉思中，我不由得想起了"尼伯特"台风来袭的一个晚上。风狂雨骤，天地昏暗。孤单一人在家的我蜷缩在床上，多么希望爸爸能陪在我身边。时针已经跳过了十二点，我一直惊醒着，久久不敢入眠。

半睡半醒之中，门"吱呀"一声打开了，是爸爸！我欣喜若狂飞奔过去，看到他湿漉漉的衣服紧贴在身上，我有些担心。爸爸洗了个热水澡后，我帮他吹头发，银丝已然在发丛里突兀闪现，给我的只是心痛。我问爸爸为什么这么晚才回来？他说："尼伯特台风带来的特大暴雨，给人民的生命和财产带来了巨大的威胁。我作为区委办的主任，不能偏安一室，得奔赴在抗击台风的第一线。一条条街道、村道都不见了，取而代之的是一条条奔涌的河流。危房倒塌了人员有没有受伤？留守在家的孤寡老人急需转移，高龄孕妇即将临盆，水库水位是否超出警戒线……大雨让这座城市经受考验……"

看着身体瘦弱的爸爸，看着他手臂上划破的伤口，我仿佛看到他在风雨中奔跑的身影。他趟过水，越过山，在田间地头统计受灾面积，在堤坝水库传送沙袋，在深水急流里推着冲锋舟……衣服湿透了，拧干水再穿上；肚子饿了，啃几口方便面充饥；困了，趴在桌上眯一会儿眼……正是有许许多多这样的干部，冒着像泼像倒的大雨，走过艰险，换来了千家万户的平安健康，换来了灾后的有序自救。我的心底不由得升起一股敬意。

当我问爸爸我们家的家风是什么？他在我本子上郑重写下"立身为人，不忘初心"八个大字。这就是我家的家风！"生命不是一个可以孤立成长的个体。它一面成长，一面收集沿途的繁花茂叶。"春风化雨，润物无声，弦歌不辍，生命有魂。成长的岁月里，我要传承好家风，向上向善。"立身为人，不忘初心"，一路前行，遍撒鲜花。

130

与微风撞满怀

空谈误国，实干兴邦。改革不停顿，开放不止步。我们从历史的昨天走来，在历史的今天振奋，向历史的明天进发。我们可爱的祖国正在朝着中华民族伟大复兴的目标奋勇前进。我们少年儿童一定要承前启后，继往开来，接过前辈手中的旗帜，高歌猛进，奋发向前！

我的中国梦

蔡晓宁

"今日之责任，不在他人，而全在我少年。少年智则国智，少年富则国富，少年强则国强，少年独立则国独立，少年自由则国自由，少年进步则国进步，少年胜于欧洲则国胜于欧洲，少年雄于地球则国雄于地球。"这段话出自梁启超的《少年中国说》，说明了孩子是祖国的花朵，是祖国的栋梁，是祖国的未来。

昨天的我们是经历了多少腥风血雨，经历了多少艰难困苦，经历了多少剥削压迫！虽然命运如此悲惨，但是经过上百年浴血抗争，中国终于迎来了胜利。经过历史学家多年研究考证，仅仅在抗日战争中，日军伤亡七十多万人，而中国呢？伤亡人数达到了三千五百万人，整整五倍之多。从1937年7月7日"卢沟桥事变"到1945年抗战胜利，中国军人伤亡三百三十一万多人，人民伤亡达到了八百四十二万多人。中国损失的财产及战争消耗达五千六百多亿美元。这些数字多么巨大，损失是多么惨重啊！战争是残酷的，但是中国人民用自己的鲜血换来的新中国，我们难道不懂得是多么来之不易吗？同学们，请牢记历史，珍惜和平吧！

学习了《走复兴路 圆中国梦》这本书，回望历史，我浮想联翩：几千年来动人心魄的故事仿佛就在眼前。林则徐虎门销烟，康有为戊戌变法，孙中山辛亥革命，八一南昌起义，抗日战争，解放战争，新中国成立……我相信动人的故事不止这些，还有很多很多……拿破仑在二百多年前就说过：中国是一只沉睡的雄狮。是的，它终于苏醒来了！

1978年12月，党的十二届三中全会胜利召开，开辟了中国特色社会主义道路；改革开放建设小康社会；走进WTO；2008年第29届奥林匹克运动会在北京隆重举办；2010年举世瞩目的世博会在上海举行；2012年"神舟九号"飞船飞向太空；2013年"嫦娥3号"成功登月……百年奋斗铸就历史辉煌，百倍信心推进复兴伟业。我自豪！我骄傲！

空谈误国，实干兴邦。改革不停顿，开放不止步。我们从历史的昨天走来，在历史的今天振奋，向历史的明天进发。我们可爱的祖国正在朝着中华民族伟大复兴的目标奋勇前进。我们少年儿童一定要承前启后，继往开来，接过前辈手中的旗帜，高歌猛进，奋发向前！

与微风撞满怀

官丽颖

> 我知道我一直有双追梦的翅膀，带我飞，给我希望。
>
> ——题记

读完《走复兴路，圆中国梦》，我明白了：梦想，是坚持、努力的精神支柱；是奋斗、追求的人生方向。梦想不论大小，只要你是努力去实现它，就绝不会是一场空梦。

华夏儿女无疑永远是努力追寻自己美好的愿望的追梦人，从来没有因为千难万险对梦想失去过信心。革命的先驱孙中山和人民的领袖毛泽东为代表的先辈们高举义旗、励精图治，创立了丰功伟业，带领人民摆脱了深重的苦难和极度屈辱的历史深渊，实现了振兴中华，建立新中国的梦想！党的十一届三中全会开创了改革开放脱贫致富的道路，创造了一个又一个令世人惊叹的中国奇迹，展现小康社会美好的生活梦想！今天，在祖国明天壮丽远景的目标指引中，我们又拥有新的共同梦想——实现中华民族伟大复兴的"中国梦"。这怎不让我为之激动？追梦的中国人一次次向世人证明了：只要坚持不懈、艰苦奋斗，不失去信心，不半途而废，梦想便不再是一场幻想的梦！

我想到了"杂交水稻之父"袁隆平。一个世界性的农业科学难题，对一个农民出身的他来说无疑就是一个看似遥不可及的梦。解决中国人口大国吃饭的难题，实现国家富强、人民幸福是中国梦，就是他的梦。不懈的努力和艰苦细致的实验，一次次失败和随之而来的嘲讽没有击败他，反而是他攻克杂交水稻难题的科学大奖的圆梦之路！

我又想到《梦想的力量》这篇课文。主人公瑞恩只是一个孩子，而执着自己的梦想，坚持不懈。时间就是他眼中梦想的阶梯，每一块钱就是他追梦的翅膀。他的行动感动了周围的人，越来越多的爱心人士加入到这个追梦的行列中来。最终，以他的名字命名的基金会的成立，帮助他实现了这个美好的梦想——让非洲的孩子喝上干净的水。实现梦想的过程注定是艰辛的，实现梦想的结果一定是充满幸福的。我明白了：中国梦就是人民幸福的梦，是每一个中国人付出辛勤劳动和艰苦努力追求的梦。中国梦也就是我的梦！

歌德说："向着某一天终于要到达的那个终极目标迈步还不够，还要把每一步看成目标，使它作为步骤而起作用。"我知道：我的梦想像一棵长出小苗的小树种，等着接受风雨洗礼，而后枝繁叶茂，挺拔成大树——这就是我的追梦之路，也是我的幸福之路。

"追逐的年轻歌声多嘹亮，追梦的翅膀让梦恒久比天长……"在我的歌声中，我似乎能看到所有的梦想都开花……

"照　片"

林　薇

一上课，我们就见语文老师带着一个小盒子来了。

老师放下盒子，在黑板上写了几个大字"未来在召唤"。我百思不得其解：老师葫芦里卖的什么药？老师转过身，对大家说："你们将来有什么理想呢？"我们争先恐后地回答："科学家！""画家！""天文学家！""音乐家！"……我也大声喊："作家！"老师微微一笑，举起了盒子："在这个盒子里面有一张名人照片。我请一名同学上来认一认。但看过照片的同学丝毫不能透露照片上是谁。"话音刚落，大家都争先恐后地把手举了起来："我！我！我！"

第一个被请上台的是郑越鹏。他迫不及待地冲上讲台，神采飞扬地站在老师旁边。老师慢慢地打开盒子。郑越鹏的脖子像表演新疆舞一样向前伸去。盒子全打开了，原先兴冲冲的他顿时目瞪口呆。林显同学不由地探出身子想看个明白，可老师已经盖上盒子了。持续了几秒钟，郑越鹏又笑得前仰后合，嘴里不住地说："太好笑了！太好笑了……"我迷惑不解：有这么好笑吗？不就是科学家嘛。

接着轮到张益豪闪亮登场。他昂首挺胸地一边打开了盒子，一边眯上眼睛，学着刘谦的样子："现在就是见证奇迹的时刻……"等他睁开眼时，一下子直眉瞪眼，吐了吐舌头，抿嘴笑着回去了。别人问他，他只是摇头。

第三个、第四个……终于轮到我了！等我一眼看到盒子里的照片：啊？那不正是我吗？说具体点儿，我看到的是一面镜子。一股乐滋滋的味道浮上了我的心头：我看到了未来的大名人啊！

照片看完了。老师问："你们看到了什么？"回答声像泉水喷涌而出："看到了自己！""不，你们看到了未来的科学家、作家……"老师激动地讲着，深邃的眼里透出期待的目光。我又一次凝视着"未来在召唤"五个大字，似乎看到了那里头绽放出朵朵灿烂多彩的理想之花……

136

阅读，才有希望

卢俊杰

今天，我读了印度作家孟莎美写的《不阅读的中国人》一文，深有感触。

文章讲述了孟莎美在从德国法兰克飞往上海的飞机上，发现中国的乘客大多是不休息在玩ipad，而且基本上都在打游戏或看电影，没见有人读书。而其他国家的乘客大多是一杯咖啡、一本书，或者一部kindle、一台笔记本电脑，而且是安静地阅读或工作。这让作者很担心：未来的中国可能为此付出代价，塑造出只会使用网络语言的下一代。

读了这篇文章，我想：这位好心的印度作家说很对，如果中国继续如此沉溺于网络世界，可能会塑造出只能阅读片段语言，只会使用网络语言的下一代。那样，就会毁掉中国的锦绣前程，让刚刚复苏不久走向强盛这头"狮子"再次昏迷，再次重复上演百年耻辱的重大悲剧。当年，毛泽东等领袖，带领解放军，陆争海战，几经艰辛，终于让中国人民过上了幸福的日子。如今，难道又得再来一次艰难的长征？或是一次鸦片战争？再来一次悲惨的南京大屠杀？不！中国为了尊严，已经失去太多了。尊严不是无代价的。

真正的阅读时，你会跟书中的人物一起笑，一起哭，一起愤怒……这是那些碎片的信息和夸张的视频所不可替代的！如果说，知识是陪伴我们一生的宝贵财富，那么中国五千年的优秀文化一定能熏陶一高素质的民族！

137

感受宋词的韵味

郑旸

风花雪月，春华秋实。诵读宋词，感受到的是一年四季的美景，感受到的是中华文化的底蕴。那里有青山绿水，那里或悲或喜，那里或深邃或直白。

稼轩·蓦然回首

"东风夜放花千树，更吹落，星如雨。"如此热闹的元宵佳节，是谁独立街头，寻觅着失落的自己？是稼轩。是该退隐山林还是建功立业？明月清光普照，整夜飞舞腾跃的灯光映衬着失意的双眼。那是一种抉择，一种痛苦，一种悲哀。想当年，金戈铁马，气吞万里如虎，但又是如何落得此情此景？终得"众里寻他千百度，蓦然回首，那人却在灯火阑珊处"的结局。

我感受着辛弃疾痛苦的抉择……

鹏举·壮怀激烈

"抬望眼，仰天长啸，壮怀激烈。"那怒发冲冠的他，壮志难酬，一身报国热血无处挥洒，即将胜利却又功亏一篑。靖康耻，犹未雪，臣子恨，何时灭。当年，他带着"冲天香阵透长安，满城尽带黄金甲"的一腔热血报仇雪耻，而如今又被十二道金牌召回。那"壮志饥餐胡虏肉"的渴望没了，那"笑谈渴饮匈奴血"的理想没了，只留下凌乱的战场，只留下"待从头，收拾旧山河"的悲愤和遗憾。他就是岳飞。

我感受着岳飞那颗失意的心……

易安·寻寻觅觅

苍白的一个黄昏，没有夕阳的凄婉，只有悲凉，在无尽蔓延着。你独自倚在窗前，没人陪伴，只听见晚风吹拂的声音。花儿凋谢，你再也无法观赏那金黄的菊花，"这次第，怎一个愁字了得！"这是你对生活的一声叹息。易安，你的孤独，是怎样一种痛苦，像毒药，又像咸涩的泪，滴在心上，渐渐氤氲。"帘卷西风，人比黄花瘦！"这是你在尘世里的悲叹，化为青烟，随风而去。"寻寻觅觅，冷冷清清，凄凄惨惨戚戚"。茫茫中，你苦苦寻觅，寻觅那失落的一切。目光如水，三杯两盏淡酒，怎能抵御晚来寒风迅疾？眼看着黄花凋谢，但结局又要怎样挽回？萧萧梧桐，淋漓细雨，那悲哀，那彻痛，那黄昏，怎一个愁字了得！

我感受着易安思夫心切愁绪满怀的心情……

诵读经典宋词，丰富人生底蕴！

嘿！诗词！

郑林舒阳

诗，豪情万丈；词，多愁善感。诗，有着"会当凌绝顶，一览众山小"的豪放气概；词，有着"人比黄花瘦"的忧愁情愫。诗词，穿过风尘，从时光机里穿越到现代，和现代诗构筑了中国文化一道亮丽的风景线。

轻叩诗歌的大门，我们跨进诗词的海洋，领略诗词的魅力。我们一起坐上诗词的秋千，荡回到古代，走入美轮美奂的诗情画意中。

在实践活动成果展示中，第一轮是诗词知识竞赛抢答。"《桂枝香·金陵怀古》作者是谁？"下面传来一阵阵抢答声："我！我来！""我！我！我！""我先的，我来啊！"魏子诚先拔头筹，答道："作者是王安石。"老师用"正"字计分，我们得了个"开门红"。接下来的路是越走越平坦，我们组的"学霸担当"——魏子诚，摧城拔寨，别人根本没有"插嘴"的余地，只能眼睁睁地看着我们组的"正"字一笔一笔多起来。"嫦娥应悔偷灵药，碧海××夜夜心？"原本举到天花板的手现在一下子失去了踪影，一片寂静。这题不是很简单吗？我举手。"选三，青天。""对了。"就这样，一节课在同学们的抢答声、欢笑声中度过。

第二轮，根据诗词进行话剧表演。我、筱雯、昕洁将上演的是《秋思》。第一组出场的是宁馨、哲楠、昊翔，昊翔握着一把"鱼竿"（伞）蹲在一旁，那表情令同学们哄堂大笑，我们一看就知道是《小儿垂钓》。轮到我们了，筱雯是旁白，昕洁饰张籍，我当邮差。旁白先开始叙述情景、天气，"张籍"开始写信："亲爱的父亲母亲……""次日。"轮到我上场了。"先生，您有什么要寄的吗？""有，给你"。我接过邮件刚一转身要离开，"等等等等！""先生，您又怎么了？""我怕写得太匆忙，表达不了我的意思，拿过来，我再添几笔"……我们把这首诗表演得惟妙惟肖，同组的同学为我们鼓掌喝彩。

最后还有诗歌朗诵和同学们创作的儿童诗展示。我们沉浸在诗的国度之中，陶醉了；我们沐浴在词的唯美之中，忘返了。

嘿！诗词！浓郁诗香，氤氲心中……

那声音，常在我心田

郑昕洁

窗外是纷纷扬扬的雨丝，风乍起，吹皱一潭春水，吹来了满地的荒凉。

忆起曾经有你在的日子，娇小的我再一次以泪洗面。漫天的"梧桐更兼细雨，到黄昏点点滴滴"，为我的悲愁再添一份凄清。

我，李清照，本想"执子之手，与子偕老"，可无奈命运不公，你已化为山间的一抔土，冰冷地消失于人世间。只留下我，独自一人感受着离夫之愁。一颗亮晶晶的东西掉落在地上，摔成四瓣，泪眼蒙眬中，幻出你若隐若现的面影。

曾经，我俩戏水捉虾。我是那个误入藕花深处的少女，你是那摆渡的船夫。"争渡，争渡，惊起一滩鸥鹭。"荡舟摆渡，流连于田田荷叶。你捕到一条鱼，我采了一片藕，清凉的池水渗透到脚底，我们心里却升起了一股暖流。你那陪我嬉笑戏耍的声音，常在我心田……蓦然失去了你，我怀念着那声音，怀念着那场景，潸然泪下，"此情无计可消除，才下眉头，却上心头。"

曾经，我俩品茶叙旧，就在那院子里，绿肥红瘦，凉亭下，我一言，你一语，我一颦，你一笑。我吟"泪眼问花花不语"，你对"乱红飞过秋千去。"淡淡茶香，袅袅炊烟，潺潺流水，你陪我诵诗对词的声音，常在我心田。于是，失去了你，我怀念着那声音，怀念着那场景，泣不成声，吟诵出："只恐双溪舴艋舟，载不动，许多愁。"

你安慰我的声音，常在我心田，于是，我"似曾相识燕归来，小楼香径独徘徊"；你鼓励我的声音，常在我心田，于是，我"寻寻觅觅，冷冷清清，凄凄惨惨戚戚"；你关心我的声音，常在我心田，于是，我"昨夜雨疏风骤，浓睡不消残酒"。也许，我伤感的词句万古流芳，但只有我知道，那是因为你的声音常在我心田，情由境生，才演绎出这样一部多愁善感的历史悲歌。

窗外，风乍起，吹皱一池春水，吹来满地荒凉。你爱我的声音，常在我心田！

诗歌，千年

李佩颖

诗歌伴随着文明一路走来，每一种形式，都是民魂的再现，诗歌背后，立着一面巨大的镜子，里面是无所不在的现实。

"轻叩诗歌的大门"综合性学习，我们去探寻千年诗歌的奥妙。《诗经》作为我国第一部的诗歌总集，展示了先秦时期人们的思想，各地民风虽不尽相同，但都淋漓尽致地刻在了诗上。我们朗诵《诗经·采薇》："昔我往矣，杨柳依依。今我来思，雨雪霏霏。"朗朗上口，朦胧而又忧伤。深入诗人内心，顺着诗歌发展的轨迹，大量凝聚着民族历史结晶的名篇涌现，回眸诗歌的光辉历史，我们无不感到温情和自豪。

　　朗诵一首首诗歌，不禁有身临其境之感。一句离别的话语悲壮无奈，诗人笔下的大好河山更是醉人。想象中的诗歌世界千姿百态，模仿古人"借酒浇愁愁更愁"的伤感更引得大家深思。

　　在诗的国度里，穿越古今，我们汲取百家之精华。课堂上，跟着老师声情并茂地朗诵了《再别康桥》，随着作者的脚步漫步在剑河边的柳荫下，沉醉在拜伦潭，撑一支长篙向青草更青处漫溯……还学习了俄国诗人叶赛宁的《白桦》，"在我的窗前，有一棵白桦"，仿佛朦胧中一棵冰清玉洁的白桦，立在心中。

　　自己写诗就更有趣了，我写了首诗《坚定的锡兵》，深深赞叹丹麦的独腿锡兵。我认为，诗歌最大的魅力在于它有跳跃性和不确定性，让每个民族的人民能感受到异域的文化。中国人读着普希金的诗歌，德国人则翻动那本有深厚文化底蕴的《诗经》。千年的诗歌传颂至今，传颂着人们心中永恒的爱。

　　千年后的今天，人们依旧读诗、写诗。

143

你听见了吗

戴哲瑜

你总听过风的声音吧？

　　当微风吹过湖边柔嫩的柳条，柳树姑娘们可欢了！风儿认真地帮大柳树捶背，专心地帮小柳树梳头，使柳树们更加婀娜多姿。

当清风拂过那一轮浩洁的明月，啊！那不正是"嫦娥一号"清秀的身影吗？"'嫦娥一号'又发来新信息啦！"一座美丽而又神秘莫测的环形山展现在世界人民眼前。管它叫啥呢？嗯——就叫"声音"吧！

当狂风扫过巨浪，巨浪好似千千万万只野狼直奔陆地！不好！这正是震惊世界的印度洋大海啸！"哗——"别小看这一浪，差点把可怜的小国——斯里兰卡化成一片汪洋！

当台风横越连绵不断的山岭，嘿嘿，松树可不怕！它们枝连枝，根连根，筑成一道威武的"长城"。台风算啥？无名小辈一个！

说了这么多，你总该听到些什么吧？

你总听过动物的声音吧？

当一只纯种的荷兰牧羊犬正啃着一根经过一番殊死拼搏捡来的肉骨头，而旁边那一只只"小混混"呢？只有"滴答滴答"流着口水干瞪眼的份儿了。

144

当小金鱼用尾巴拨水，"哦！我终于看到外面的世界了！"两滴淘气的小水滴被鱼尾打了上去。可惜它们笑都来不及，便已经"扑通"一声，落回水中。金丝雀落在窗沿上，"啾——啾——"地唱了一首歌。她唱什么歌呢？她是来给房间里午睡的宝宝唱摇篮曲呢！

当两只老猫在墙头吵架，老黑抓得老白浑身是伤，老白也撞得老黑爬不起身。最后，两只猫都用尽全身力气，摇摇晃晃地站起来，朝对方扑去，随着"喵——"的一声惨叫，就再也没声音了……

当三只芦花鸡在院子里啄米，"嘿！那什么来着？别吃我的米！"一只老鸡朝旁边的一只小鸡的脑袋上一啄，啄下一撮毛来。被啄的鸡看样子疼极了，"咯咯"叫了几声，扑腾着翅膀溜之大吉！

讲了这么多，你总该听到些什么吧？

给钱学森爷爷的一封信

林民儒

尊敬的钱学森爷爷：

您好！

我是福建省莆田市仙游县的一名小学生。观赏了2009年10月1日的阅兵式，全世界人民都为中国的强大武装力量而震惊。为此，我想起了您对中国导弹核武器做出的巨大贡献。

1949年新中国的成立使您心潮澎湃，十多年的精心准备，到了报效祖国的时候了，当您准备乘坐加拿大的大班机回到中国时，可恶的美国国防部却扣留了您。1955年5月，您历经千辛万苦终于回到了祖国妈妈的怀抱。回国第二天，您便来到了天安门广场。仰望国旗，您难抑发自内心的激动。

回国不久，您就去东北参观了工厂、水电站、大学、研究所。在一个小火箭试验台前，您曾经不假思索说："有什么不能的，外国人能造火箭、导弹、中国同样能造！"从此，您一直提出组建力学的研究所，在周总理的支持下，终于建立了我国第一个火箭、导弹研究机构——国防部第5研究院。

作为我国国防科技事业的主要领导者，您在两弹结合的导弹核武器发射期间，为确保万无一失，您竭尽全力让故障减少。您以表格

与微风撞满怀

的方式，把导弹成千上万个大大小小的零件中存在可能发生故障的全部列举出来。小的，小到晶体管、电位器、开关插头、螺丝钉、螺丝帽。这对需要思考诸多大事的技术统帅来说，是何其可贵。

风风雨雨，一路兼程，您呕心沥血，为祖国做出历史性贡献。1960年，经过艰苦奋斗，第一颗导弹终于试爆成功。1966年，第一颗导弹核武器也试爆成功。喜讯不断传来。1970年，第一颗人造卫星升空，新中国迎来了黎明。

人们不会忘记，您坚定地说："有什么不能的？外国人能造火箭、导弹、中国同样能造！"

人们不会忘记一团团蘑菇云徐徐上升的时刻，更不会忘记是您为中国科技发展奠定基础。我们永远敬重您！

钱爷爷，您已经九十多岁高龄了，但还在为祖国默默地奉献着。我作为一个小学生，更应该奋发图强，天天向上，做您的接班人！

祝您身体健康、长命百岁！

一个崇拜您的人（敬上）
9月21日

梦想从这里启航

吴丰喆

每个人都有自己的梦想。打上小学起，我就十分羡慕央视主持人撒贝宁，总梦想着有一天我也走上舞台当回主持人。就在今年暑假，

我如愿以偿得到了这宝贵的机会。

记得那一天，徐老师打电话来，邀请我去主持小鲤鱼艺术中心2014年的专场晚会。得到邀请，我一整天都沉浸在喜悦之中，心里就像有千万只小鸟在欢唱，就连呼出的空气中也包含着香甜味。我是否能胜任这次主持人的任务呢？如果在台上说错了，忘了台词怎么办……我不由得担心起来，但"车到山前必有路"。

在离演出前的第三天，我拿到主持稿。时间紧迫，我便在家里对着镜子一遍又一遍练起台词来，每一个标点，每一处停顿，每一个神情……我都要做到烂熟于心。但总觉得我做得还不太完美，嗓子干了，脚酸了，但我没有停歇片刻，这一段时间是短暂而又充实的。

终于，那最激动人心的夜晚如期而至。我要与市电视台的小鱼姐姐一同主持节目啦！盛装的我坐在台下故作镇静，而心中却如大海般汹涌澎湃。当无数霓虹灯亮起来，欢快的音乐响起来时，我的心如同揣了只小兔子直蹦跳。紧张得我还一连上了好几趟厕所呢！随着一声："有请主持人闪亮登场！"我和搭档一起走到了舞台中央，望着台下人头攒动，我的心一下提到了嗓子眼儿上，话筒攥得更紧了，手也不听话得抖动起来。"别紧张，我能行！"我深吸了一口气，暗自为自己加油鼓劲。"快乐的铃鼓敲起来，幸福的生活唱起来……"我一口气把台词娓娓道来，台下响起了雷鸣般的掌声。良好的开端是成功的一半，接下来的主持就越来越轻松自若。

那一晚对我来说意义非凡，就让梦想从这儿启航吧！

新发型——"蓬蓬头"

林之含

下午，我洗完澡，一个念头闪出来：理发师总是帮人烫蓬蓬头，不妨我也来剪一个蓬蓬头。说干就干，我拿起剪刀"咔嚓咔嚓"地剪起来，一串串头发如细雨般散落到桌子上、地上，我想作品可能已经大功告成。但一照镜子：蓬蓬头没剪成，倒剪成一个阴阳头。鬓角的头发被我剪得参差不齐，隐约露出白白的头皮。我大吃一惊，这可怎么办？灵机一动，我扯下散乱的辫子，掩盖住鬓角。又把散落在地上的头发捡起来，往窗外一扔。这时我看见窗外晒着被子，真是倒霉连连，头发都落在被子上。我想用尺子把头发拍落，可是怎么也拍不着。

正准备赴去上班的妈妈从楼上下来了，看见地上残留的头发叱问道："你是不是又剪头发了？"我只得承认。妈妈生气地说："你剪阴阳头干吗？以前人家被人欺负才剪阴阳头，而你是故意的。"我看见妈妈愤怒的表情，听见妈妈生气的话语，晶莹的泪珠儿在眼圈里打转转，最终顺着脸颊落了下来。

和我一道出门的妈妈见我的眼泪落下来，就赶紧安慰我："我小时候也剪过这样的头发，我不知如何是好，后来急中生智，对同学们宣告这是我的新发型，一个同学风趣地说'这真是清凉型'。"听了妈妈的话，我忍不住地哈哈大笑起来，原来学识渊博的妈妈也做过这样的傻事。我原本怕被人们笑话我，这会儿听了妈妈的话，我便不再将脑袋靠在妈妈手臂上了，走得飞快。妈妈说孩子小时候犯这种错误是没关系的。呵，当小孩子真好。

老师，谢谢你

林 之

老师，从您四年级教我开始，我就仰慕你了。您那幽默的教学方式，无微不至的关心呵护，我一直想对您说声"谢谢"，只是没敢开口。

语文老师，您还记得那场演讲比赛吗？正在上美术课的我突然被您叫走，我还以为我犯了什么错。后来才知道您要我参加演讲比赛。

那时，我十分高兴，虽然您为我设置了动作、背景、音乐，还在课后安排我练习。我紧张得一直失误，总是没能配上背景字幕的节奏。您为了我们日夜操劳，还抽空培养我的演讲能力，使我的朗诵能力有了很快的提高。我想大声说："谢谢您，老师！"

比赛的日子一天天临近了。初次登台的时才知道自己有怯场。硬着头皮表演，我才得了一个9.24分——微不足道的二等奖。对不起，老师，我给班级抹黑了……

老师，我衷心谢谢您。是您让我认识了自以为是的自己，也是因为有您我才能有站上讲台的机会，更因为有您，我的演讲能力才有所提升。一句话：因为您，才会有今天的我。

老师，谢谢您！

给老师的一封信

李佳佳

敬爱的老师：

你好！

光阴似箭，一转眼您已经教我们一年多了，那孜孜不倦的教诲，幽默的教学方法不知不觉深深地印在同学们的脑海里，您也在同学们心里占据了很重要的位置。

同学们和我一样都在期盼您的归来。这次您出差才几天，可我总是觉得怪怪的，心里空空的。老师，您还记得吗？有一次，像往常一样父母替我背书包陪我去上学，不知什么时候老师您已经来到我的身后边并用手摸了摸我的头，微笑地看了我一下。当时我还没明白过来。来到了学校，上课之前，老师您语重心长地对同学们说："同学们，你们已经长大了，以后自己的事要自己做，父母已经很辛苦了，你们有些人书包还叫父母背着，下次不能这样了。"说完您继续上课了，虽然老师您没有指名道姓，但是我已经羞愧万分了，真想挖个地洞钻进去。老师您说得没错，自己的事要自己做。从那以后，您的教诲我一直记在心里，现在书包都是我自己背的，偶尔我还会替父母干些小事呢！希望老师您能看到我的进步。

在二年级上册的课文里，我们学过一首诗《一株紫丁香》：踮起脚尖儿，走进安静的小院，我们把一株紫丁香，栽在老师窗前。老师，老师，就让它绿色的枝叶，伸进您的窗口，夜夜和您做伴……一首多美的诗呀！老师，您知道吗？我们也希望能在您的窗前，栽下一株灿烂无比的紫丁香，在寒冷的夜里，陪着您，帮您驱散寒冷，带来温暖！可惜，这个愿望是无法实现的。可是，老师您知道吗？我们已经在心里栽下一株灿烂无比的紫丁香……

老师，您快回来吧！我们想您！

祝您

身体健康、万事如意！

永远敬重您的学生：李佳佳
11月1日

"卓别林"

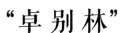

李　涵

卓别林怎么会是我们的老师呢？别急，现在我就来揭开她的"庐山真面目"。

其实，"卓别林"老师是从四年四班来给我班代课的。因为她姓卓，又很幽默，所以大家都称她"卓别林"老师喽！

前几天，卓老师的高跟鞋刚踏进咱教室门口，原来静得连根针掉在地上也能听得见的教室"轰"的一下热闹起来了。"卓别林老师!""卓老师来了!""耶!脖子扭扭、屁股扭扭……"可这热闹劲儿不一会儿就没了,因为——被掌声淹没了!

卓老师面带笑容走上了讲台,大家都盼着她讲故事。她上次讲的"四大金刚"可好玩了!终于,卓老师嘴巴张开了——

"齐读课题……"卓老师的嘴里刚冒出一句话,就有同学叫起来:"课前三分钟!"我班平时上语文课都得按座号轮着交流"课前三分钟"内容。今天是周一,本该交流"经典诗词"了。可卓老师一脸严肃地摆摆手:"每位老师都有自己上课的风格。比如上节给你们代课的'美美'老师就有自己的风格。而我——'丑丑'老师和你们语文老师——'帅帅'老师也都有自己的风格啊!"话音刚落,"笑声地震"就爆发了。有的笑得东倒西歪,有的笑得前仰后合,还有的笑得眼泪哗哗直流。我呢,则笑得滚到桌子底下去了!

嘿嘿,她真是个地地道道、不折不扣的"卓别林"老师哟!我喜欢她!

152

感谢你,笑声

李佳怡

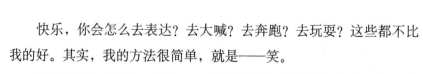

快乐,你会怎么去表达?去大喊?去奔跑?去玩耍?这些都不比我的好。其实,我的方法很简单,就是——笑。

哈哈大笑、狂笑、偷笑……都是能使人表达出内心的开心、激动。一个人笑是开心，两个人笑是幸福，三个人笑是友谊。俗话说得好"笑一笑，十年少；愁一愁，白了头"。我的朋友慧娴，上课随时会发"羊痫风"总是咯咯咯地笑个不停。但是比起那些冷漠、无情的人好吧！有时她的哈哈大笑会感染我，让我也情不自禁地笑起来，甚至有时连前桌都会被"感染"。这时候，三个"疯子"不把眼泪给笑出眼眶就不会停歇呢！

你想，如果一个人、两个人……全世界的人都面无表情的话，那么就是一个活死人的世界，哪里会有好的状态嘛！所以，虽然笑有它的缺点，但笑更有它的优点。谢谢你，笑！你让我感到快乐，让我感到幸福，让我感到朋友间的友谊。

我要用笑声点缀今天，我要用歌声照亮黑夜。我不再苦苦寻觅快乐，我要在繁华的学习中忘记悲伤。我要享受今天的快乐，它不像粮食可以贮藏，更不似美酒越陈越香，我不为将来而活，今天播种，今天收获。

生命之花

林梓豪

流星划破天际，与岁月的长河承接递进。看不见的尘烟，游不尽的河。掬一捧清水，品味生命漫溯，拾一粒卵石，抚摸时间脉络。一叶卷知天下秋，寒鸦一渡冰雪舞。

台湾作家杏林子说过：一粒貌不惊人的种子，往往隐藏着一个花开四季的灿烂；一条丑陋的毛毛虫，可能蜕变成一只五彩斑斓的彩蝶。因为生命是一桩奇迹。杏林子对生命的感悟，正是源于对生命的热爱，她十二岁患"类风湿节炎"全身关节大部分遭破坏，腿不能行，肩不能举，手不能抬，头不能转，就是这样一个残疾人，数十年来坚持不懈，笔耕不辍，著书四十多部，被誉为"台湾地区十大杰出青年，"她不仅用笔创造生命的价值，更以她的精神鼓舞、激励世人奋发向上，热爱生命。

雨果在二十岁开始发表作品，二十九岁创作了轰动世界的《巴黎圣母院》，可是正当他处于创作的高峰，激情奔放时，恶性心脏病发作了。这一年他才四十岁，但雨果面对这个现实并不悲观，他天天锻炼，打拳、跑步、游泳、爬山，六十岁创作《悲惨世界》，八十岁写了戏剧《笃尔克玛》，他向世人放射出自己生命的灿烂光芒。

你看！在我们身边，小草在风中起舞，鲜花尽情开放，这就是生命的魅力。它们装扮着美丽的世界。我的爸爸每年都自愿献血，每次看到血站给爸爸寄来贺卡或发来短信，上面写着："感谢你的爱，因为你的爱可以挽救一个垂危的生命，是你赠予患者的无价之宝。我们同在蓝天下，共享生命的感动！我们代表接受你帮助的人，谢谢你！"读这些感人的话语，我为爸爸感到自豪！

曾经读过这样一句话：再小的爱乘以十三亿会变成爱的海洋；再大的困难除以十三亿，会变得微不足道。人的生命，会因为爱而更加美好。

凝视生命，就当发现生命的绚丽；

倾听生命，就当触摸生命的脉搏；

体验生命，就当感受生命的美好；

品味生命，就当品尝生命的甜蜜。

生命之花，永驻心间。生命之花必将在心间伸枝、长叶、开花、结果，最终枯萎。问题是你怎样去利用它，把握它。我们要让有限的生命，体现出无限的价值。于是，我下定决心，一定要珍惜生命，决不让它白白流失，使自己活得更加光彩有力。

生命的绝响

陈　征

　　经过千锤百炼，凤凰在涅槃中重生，造就生命的永恒；经过霜欺雪压，蜡梅在寒冬中艳绽，彰显生命的辉煌；经过风吹雨打，苍松在峭壁中挺立，谱写生命的诗章。

　　淡淡的墨香充盈在空气中，熟悉的感觉回荡在心中。我捧起书，轻轻地翻，映入眼帘的，是许多的可歌可泣：伟大的贝多芬不幸失聪，他却创造了令世界震惊的《命运交响曲》，在听不到节奏与声音的痛苦上，他的指尖依然流泻出美丽的音符；海伦·凯乐是个聋哑盲人，可是她的笔下，却衍生出许多著作，在文学领域中有着不可磨灭的地位；凡·高卖不出一幅画，可在他的手中、笔下，却现出近乎完美、栩栩如生的画作。我疑惑、纳闷，这是为何？不为别的，因为他们热爱生命，同样地为追求生命，而树起执着的信念，不懈奋斗。

　　黑色的墨汁，点点滴滴，追随历史的脚步，传递远古的故事，五千年的思想、情怀一代又一代地传承……

　　打开历史的长卷，穿越千年的距离，寻找在黑暗深处的命运。我看见屈原被流放后创作了《离骚》，司马迁在大牢中编写了《史记》，孙膑的膝盖骨被砍下后编著了《兵法》。他们与死神争夺着生命的每分每秒，用不屈的精神奉献自己的所有。我不解、质疑，他们为了什么？不为别的，因为挫折让他们从不言败，因为执着让他们不愿放弃。于是，他们的生命变得不同凡响。

我问过自己：人的一生是由他人把持吗？只能让他人衬托吗？人生之路只能由他人修建吗？品味人生，阅读古今，我才明白，他人是沙漠中的指南针，告诉我们生命的方向；他人是航行中的导航仪，生命的船还需要我们自己驾驶；他人是铺设大路的泥石，生命之路由我们自己铺成。

我们在灿烂的阳光下成长，要活得精彩，如泰戈尔所言："生如夏花之绚烂！"我们要让生命在快乐中度过，我们要健康苗壮地成长，因为我们是祖国新一代的接班人。生命是纯洁而旺盛的火焰，我们活在这个世界上，心中便有一轮无形的太阳。人的一生是短暂的，只有一次，而这短暂的生命却如此美丽，那就让我们去热爱、珍惜它。

或许昨天将成为不变的历史，但现在与未来还等着我们去书写，生命的绝响在等待朝气蓬勃的我们去吟唱……

天 道 酬 勤

徐毅楠

"您好，徐医生！""徐医生，什么时候有空到我家坐坐呀？"一个艳阳天，我和爸爸走在街上，不断地听到这样的招呼。爸爸微笑着，婉言谢绝。我们路过一家茶叶店时，老板一瞅见爸爸，就连忙走过来，一边拉着爸爸往店里走，一边念叨着："徐医生，要不是您妙手回春，我如今说不定还躺在床上呢。今天您可一定要喝口茶再走。"盛情难却，我跟着爸爸进店喝了茶。品着醇香的红茶，耳边不断传来感激的话语，我有点疑惑不解，为什么爸爸会得到这么多人的尊敬呢？我回想起那一幕幕……

一

那年冬天的一个清晨，寒风刺骨，即使穿着厚厚的羽绒服，我还是不停地打着喷嚏。我跟着爸爸一起去医院。刚到科室，爸爸就穿上白大褂，从口袋里掏出一个亮闪闪的听诊器，挂在脖子上，还特意把听诊器头塞进胸前。这个异常的举动引起了我的注意，爸爸为什么要把冰凉的听诊器放在胸前呢？我百思不得其解，决定跟踪爸爸，一探究竟。

爸爸走进病房，把听诊器迅速地拿出来，将它贴着手掌好一会儿，才放心地给病人检查身体。眼前的一幕使我恍然大悟：那冷冰冰的听诊器因为有了爸爸的体温温暖着，它也就成了一只温暖着病人的听诊器！想着想着，我的眼眶湿润了。

二

一个夏天的傍晚，万家灯火，爸爸拖着疲惫的身躯，推开家门。刚坐在沙发上，手机就响了，爸爸就像听到号角的战士一样，拿起手机。过了一会儿，爸爸匆匆说了句："有一个病人要手术，我得马上去。"话音刚落，爸爸就打开家门消失在夜幕中。

三

我家的书柜里摆满了爸爸的医书，这些书不知道被他"啃"过多少遍了，他还时时捧起它们，并且不时购买新的医学书，我问爸爸："您为什么还要读书呢？"爸爸笑着答："活到老，学到老，现在医学技术不断发展，新的诊断和治疗知识不断更新，我得给大脑"充电"，才能更好地为病人服务。"

天道酬勤，回想起这一幕幕，我明白了爸爸为什么受到那么多人的尊敬。的确，爸爸就是这样一个人，干一行，爱一行，钻一行，这不正是雷锋精神的延续吗？

端午节气浓，悠悠粽情香

严乐希

端午节，就是得包粽子，那么怎样做成香甜软糯的粽子呢？我这个大吃货又来到乡间，体验一番包粽子的乐趣，一种端午节的气息。

首先，做好准备工作，选取一些黄中带绿，有些古旧的粽叶洗干净，剪成两边尖的形状。再把江米淘净，可以按照个人喜好增加佐食，如红豆、豆沙、红枣、肉之类的。但我最喜欢的，还是原汁原味的白粽。

下面就是包粽子了。选取两片粽叶，一尖对齐，两尖稍稍分开，一手握对齐的一尖，另一手一绕一包一裹，一个漏斗形状形成了。先加入一半的江米，往里放些许佐食，用江米覆盖，不溢出即可。接着顺势折叠几次，用细麻绳缠绕固定，一个普通的三角粽便完成了。

每个人的手都飞速运转，不停歇，一个接一个，渐渐地，面前的空蒸笼已变成了一座小山，我笨拙的手法也逐渐熟练起来，包起了各种馅料，各种形状的创意粽。家中老小齐上阵，不一会儿，便将所有的食材都用完了。最后，就剩上蒸笼了。

揭开蒸笼盖，烟雾缥缈，笼罩着粽子。透过朦胧的蒸汽，依稀可以看见那一个个小巧玲珑的粽子。我顾不上粽子的烫手余热，抓起一个白粽，三下五除二剥开粽叶，露出晶莹Q弹的米，一股清香也随之扑面而来。和着白糖的甜味，粽叶的清香，江米的软糯，粽子是那样美味甜蜜。屋子里，每个人都拿着粽子不亦乐乎地吃着，其乐融融。那无法言喻的香味，是温馨，是一份节日的气息。让这个小小的家更加紧密地联系在一起。如粽子一般。

端午节气浓，悠悠粽情香。

市井之味——买菜记

陈柯幸昀

一个下着毛毛雨的早晨，我和妈妈去菜市场买菜。

刚走到路口，我就隐隐约约听到了阵阵叫卖声，往里走了几步，臭味扑鼻而来，我赶紧捏住鼻子，屏住呼吸；又脏又湿的地面，被毛毛雨亲密接触后，显得更加泥泞和污浊，我不禁后悔出来买菜了，只能忍住恶心，催妈妈快点买了回家。经过海鲜摊时，杀鱼的叔叔刚好把一盆洗鱼的血水向我倒来，我吓得大声尖叫并跳了起来，好像遇到了可怕的怪物似的，惊恐万分。

一路小心翼翼地在海鲜摊、肉摊、杀鸡鸭的摊子中左右躲闪着前行，终于来到了相对干净的青菜摊。只见嫩嫩的青菜好像一个个爱美的小姑娘，穿着绿色拖地长裙，露出雪白的肌肤；西红柿大叔圆滚滚的，像一团正在燃烧的火焰，还戴着一顶又绿又小的帽子，可滑稽了。在蔬菜家族中，最爱美的要数萝卜姐妹了：微胖的白萝卜大姐穿着白婚纱，好像幸福的新娘子；苗条的胡萝卜小妹穿着橙色的连衣裙，好像骄傲的模特。两姐妹真是白富美啊……

这时，隔壁传来了吵架声，我和妈妈好奇地凑过去看热闹。哦，原来是一个阿姨和卖菜的奶奶吵了起来，"你们说说看，这个妹子把菜叶子都摘了，剩下这些菜梗我要怎么卖？"老奶奶气愤地说，"我才摘了几片而已，试试看这个菜嫩不嫩嘛，好啦好啦，我都买下啦！"阿姨看着一群人围观着，不禁羞红了脸，着急地为自己辩解。围观的人们渐渐散去，我们来到卖肉丸的摊子前面，做肉丸的叔叔动作可熟练了：只见他一手抓起一团肉，用力一捏，一个圆溜溜的肉丸子就从虎口钻了出来，他拿起勺子轻轻一抠，随手一抖，肉丸子就"跳"进了锅中。小肉丸像一个顽皮的小孩子，在锅中"跑"来"跑"去，过了一会儿，肉丸子就浮了上来，叔叔满意地笑了，拿起勺子把丸子捞起放入盆子里，肉香的味道四溢开来。

在回家的路上，妈妈问我今天去了菜市场有什么感受呢？我想：菜市场乍一看让人觉得嘈杂、脏乱，和超市的干净整洁截然不同，但是菜市场又是最能体现普通百姓的生活，喧闹中带着安逸，拥挤中获得舒心，既有腥臭，也有清香，这就是市井的味道吧！

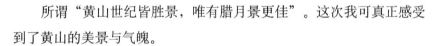

冬日黄山日出

黄学仪

所谓"黄山世纪皆胜景，唯有腊月景更佳"。这次我可真正感受到了黄山的美景与气魄。

冬季的黄山日出毕竟是壮观的。当太阳升起时，黄山便被一种神秘的色彩笼住了。你瞧，向东远眺，映入眼帘是一抹亮丽的色彩。近处的恰是一种深深的蓝色衬着浅浅的紫色；远处的是淡淡的白色，像棉花一样的白色；再远一点的是闪闪发光的金色，像天边绚丽的霞光。真是美不胜收！顿时，我心中一股变化之美油然而生，我心中不禁佩服太阳公公染布的手艺，真是了不起！能把山变成一个五颜六色的调色盘，连黄山爷爷也把你当作榜样，和你一样抬头挺胸，精神焕发，红光满面。在这样层次分明，白雪皑皑的黄山中，怎能不让人心旷神怡，神清气爽呢？

冬日的黄山的日出不但色彩明丽，独具一格，而且还风景秀丽，引无数诗人赞不绝口。最令我陶醉的是：那烟云笼罩的山峰，你看山峰上一棵棵青松笔直地站着，如同一个个气宇轩昂的士兵坚定地站着，守护着属于自己的家园。还有周围那凹凸不平的山脉，曲曲延延，漫山遍野。站在山峰上俯视，他们像十几个密密麻麻的血管，紧紧地手拉手一刻也不能分开。

与微风撞满怀

冬日的黄山日出，诗情画意，"嵩阳若与黄山并，犹欠灵砂一道泉。"黄山美景，怎能不让人陶醉呢？

你看，秋天来了

吴芊浔

不知不觉中，天变得更蓝了，云变得更白了，风变得更轻了，啊，秋天来了！

你看，红红的枫叶撒满了大地，像一路的红毯，迎接你走进秋的深处。踩上去，"咯吱，咯吱"，就像是林间正在演奏的迎宾曲。

你看，果园里，文旦柚一个个又大又圆，挂在高高的枝头，就像一个个黄灯笼。我最爱闻那柚子的清香，爸爸常常在车上放一个柚子，只要闻着柚子的香味，哪怕出再远的门我也不会晕车。柿子、橘子也都成熟了，你挤我碰的，争着要人们去采呢！农民伯伯抬头看着这些丰硕的果实，开心地笑了。

你看，菜园里，白菜绽开了笑脸，萝卜从地里钻出头来，菠菜迎风起舞。辣椒红红的，光看着就觉得辣。秋天的蔬菜太多了，真叫人口水直流。

你看，花园里，鸡冠花红艳艳，像公鸡的鸡冠，神气极了！金黄的桂花香飘十里。太阳花矮矮地长在墙角，披着太阳的颜色。菊花的颜色最多了，紫红的、淡黄的、雪白的……五彩缤纷，欣然怒放！

这就是美丽的秋天，目之所及，到处都是令人赏心悦目的美景，就像诗中所写："一年好景君须记，最是橙黄橘绿时。"

绿色生活

陈予越

从万紫千红的春，到蝉噪蛙鸣的夏；从落英缤纷的秋，到瑞雪皑皑的冬——贺知章咏出了"碧玉妆成一树高，万条垂下绿丝绦"的曼妙；杨万里吟出了"接天莲叶无穷碧，映日荷花别样红"的蓬勃；龚自珍写出了"落红不是无情物，化作春泥更护花"的希冀。绿色、自然、澄澈——这，也许是美——亘古不变的定律。

生活需要绿色，绿色装点生活。曾几何时，芳草青青，天高云淡，漫步在花香阵阵的小河岸边，飞鸿影下，青山绿水。蓦然回首，一定是温柔的阳光，袅袅的炊烟，给人以心的恬静，梦一般的享受。

但现实与梦是对立的：高楼是人仰望中唯一的景致，霓虹灯是夜晚唯一的亮点，整洁、空旷的水泥大道更会让人感到寂寞、空荡荡的，心也冷却了。

人们总说哪里繁华，哪里热闹，哪里生活品位高。但我不以为然，村庄未必不是心灵的归宿。黄昏总带着无名的暖意，家家生炉做饭，香气飘逸，不亦乐乎。朴实的问好，真诚的互助，总会令人踏实无比。

生命的本真是绿色，是希望、健康、自然的颜色。让我们追求绿色生活，放弃一切的尘嚣，默默地书写人生，让静谧荡漾在灵魂里，久久的，久久的……

都市现代的进程如发酵的面包，吞噬了绿色，迎来了发达与灰色，我不能改变历史的发展，但愿能回归大地，回归根系，嗅着自然的芬芳，看花开花落，云卷云舒，美丽、恬淡润泽着生命，融入细细的盎然……

拥抱绿色，生命永恒。

白发亲娘

陈 倩

刚刚煮好的牛奶，袅袅的雾气中还看得清杯中仍未平息的小旋涡。我用冰冷的手捧起杯子贴在脸颊上，那暖人心肺的感觉，如同贴住了妈妈的手，贴住了那一片温暖的爱。

"爱心！"两个字蓦地触动了心中的弦，我的心绪不由得激荡开来。多少年了，每天晚上九点，总有一杯鲜热的牛奶放在我的手上。因为习惯而麻木而满不在乎的我，今天终于发觉它的分量之重，终于品出其中深蕴着母亲的爱心。一股深深的愧疚慢慢升腾——我错了。

记不清跟妈妈吵架的具体日期了，因为这几天心里乱得很。但那天的每一幕情景，都深深地印在了脑海里。

午饭后，我如往常一样坐在沙发上，嘴里嗑着瓜子，看着我喜欢的杂志。妈妈走来走去忙碌着，我皱皱眉，嘟囔道："妈，你坐一会儿嘛。""坐坐坐，那也得做完家务呀，哪像你，整天就知道跟你的嘴近！"妈妈生气地说。我不耐烦地挥了挥手，谁知这动作反而更惹恼了妈妈，她干脆坐下来，说："都要考试了，也不复习，尽看闲书……"

我那天也不知道为什么，火气特别大，心里不由得一阵烦躁，冲妈妈吼道："看书！看书！看书！考试！考试！考试！除了这些，你就不能关心点儿别的？你怎么不来辅导我？自己看不懂又做不来，就会说我！"我一口气说完，忽地站起身，重重地把杂志摔在沙发上，头也不回地回到自己的房间。

接下来的几天，我没有跟妈妈讲一句话，她还是一如既往地给我送牛奶。有一天，我无意中多看了妈妈一眼，呀！银白的发丝斑驳了妈妈那曾经乌黑漂亮的秀发，刺得我的眼睛好痛！我仔细地又观察了一下，妈妈似乎真的变老了，银发染白了两鬓，脸上爬满了皱纹，曾经光洁修长的双手也被生活磨蚀得粗糙不堪。我突然感觉到，我欠母亲的太多、太多！

不知何时，我的眼前一片模糊。以前我怎么一直忽略了妈妈无处不在、无时不在的爱？我生活在妈妈无微不至的爱里，却忘记了以心换心，忘了感恩。我哭着对母亲说："妈妈，我错了！请您相信我，以后再也不会那么任性了。"

妈妈紧紧地把我搂在怀里，我感到好温暖，好幸福！我会时常记得：回报母亲，以心换心。

我爱我的白发亲娘！